Das Lehrerbuch

El Morya

# Das Lehrerbuch: über das gewaltfreie Unterrichten

gechannelt von
Christine H. Warcup

ch. falk-verlag

Originalausgabe


Umschlaggestaltung: Ch. Falk und Ch. Riecken
Satz: Plejaden Publishing Service, Neetze

Druck: Druckerei Sonnenschein, Hersbruck
Printed in Germany

ISBN 3-89568-159-8

# Inhalt

# Danksagung

Liebe Leser, ich möchte mich von Herzen für die Aufmerksamkeit bedanken, die dieses Buch erhält. Und ich möchte Sie alle ermutigen, sich von der Stimme Ihres Herzens leiten zu lassen.

Ich habe in meinem eigenen Leben erfahren dürfen und erfahre es immer wieder, wie sich mehr und mehr Fähigkeiten in mir zeigen und ich Dinge in meinem Leben umsetze, die ich nie für möglich gehalten hätte.

Ich erfahre immer wieder die wunderbare Führung durch die Geistige Welt, und mein Vertrauen in das Versorgt-sein wächst von Tag zu Tag.

Ich habe so viele Jahre meines Lebens mit unendlichen Ansprüchen an mich selbst verbracht und mich immer wieder zu Leistungen angetrieben. Und ich habe erst spät erkannt, dass ich damit nur kompensieren wollte, was ich mir nicht zugestehen konnte, nämlich „in Ordnung“ zu *sein*, so wie ich bin.

Mit Hilfe der Geistigen Welt und insbesondere durch die wunderbare Führung und Begleitung des Aufgestiegenen Meisters El Morya ist es mir immer mehr möglich, Neues zu erkunden, Neues zu wagen, mich auf Neues einzulassen. Und ich genieße diese Zusammenarbeit mit der Geistigen Welt. Der alte Anspruch, die Dinge nach einer vorgegebenen Norm erfüllen zu müssen, „perfekt“ erfüllen zu müssen, weicht immer mehr einem Vertrauen, dass die Dinge, so wie sie sind, „in Ordnung“ sind. Und das ist eine enorme Befreiung.

*Christine H. Warcup*

# Vorwort

Lieber Leser,

lange hast du dich vielleicht schon gefragt, wie es sein kann, dass zwar über Gewaltfreiheit an Schulen diskutiert wird, dass es aber noch kein Werk gibt, in dem von gewaltfreiem Unterrichten die Rede ist, das Wege aufzeigt, den Schüler in seinem Sein zu belassen, ihn anzuerkennen als vollständiges Individuum, das seinen Weg bereits kennt. Ein Werk, in dem aufgezeigt wird, dass es zwar darum geht, Schüler in Fertigkeiten zu unterrichten, dass es aber auch darum geht, sie zu respektieren, wie sie sind, ihre Talente und Begabungen anzuerkennen, statt ihnen Wissen aufzuzwängen, das für ihren weiteren Lebensweg überhaupt keine Relevanz hat. Ein Werk, das von der Grundannahme ausgeht, dass jedes Individuum seinen individuellen Lebensweg eingeschlagen hat, auf dem bestimmte Erfahrungen auf dieses Individuum warten, und dass ein jedes Individuum „weiß", welche Erfahrungen das sein werden, welches Wissen dafür wichtig sein wird, welche Fertigkeiten vonnöten sein werden, um die gewählten Erfahrungen sozusagen optimal zu absolvieren. Optimal in dem Sinne, dass die meisten Erkenntnisse für dieses Leben aus den Erfahrungen gewonnen werden können, um zum eigentlichen Ziel dieses Lebens zu gelangen: der Bewusstwerdung der Einheit alles Seienden, der Bewusstwerdung der eigenen Schöpfermacht, der Bewusstwerdung der eigenen Göttlichkeit.

Nun, lieber Leser, wenn du dich mit dieser Grundannahme anfreunden kannst, dann hast du ein Werk gefunden, das dir Aufschluss geben kann darüber, wie gewaltfreies Unterrichten aussehen kann, wie gewaltfreies Unterrichten praktiziert werden kann.

Sich auf dieses Werk einzulassen, bedeutet aber unter Umständen für dich auch, dich auf neue, dir gänzlich unbekannte Teile deiner selbst einzulassen, dich auf neue Konzepte einzulassen, die zunächst mit deiner Weltsicht nicht oder kaum zu vereinbaren sind. Das ist ein Abenteuer, an dessen Ende aber auf jeden Fall neue Erkenntnisse stehen über das Leben, über dich selbst und über das gewaltfreie Unterrichten. Wohlan, packen wir es an, die Zeit ist reif.

*El Morya*

# 1. Gewaltfreiheit. Was heißt das?

Gewaltfreiheit. Was heißt das?

Frei von Gewalt, ohne Gewalt.

Was heißt das? Was heißt Gewalt?

Gewaltiges steckt darin, Großes, eine große Kraft. Das ist an sich nichts Schlechtes. Auch ein großer Wasserfall hat eine gewaltige Kraft, auch ein Tsunami hat eine große Kraft. Die Frage ist nur, wie wird diese Kraft genutzt? Zerstörerisch, wie bei einem Tsunami, der ganze Landstriche zerstört, oder aufbauend, Energie spendend, wie zum Beispiel bei einem Wasserkraftwerk.

In unserem Sprachgebrauch ist Gewalt etwas Negatives, Zerstörerisches, etwas, das keine Grenzen kennt bzw. keine Grenzen respektiert. Und Gewaltfreiheit heißt dann in logischer Konsequenz, dass Grenzen *sein* können, dass sie respektiert werden, dass sie geachtet werden.

Dass ein Jeder und eine Jede innerhalb seiner oder ihrer Grenzen frei *sein* kann, ohne Gefahr zu laufen, überrollt zu werden, nicht geachtet zu werden, missbraucht und vergewaltigt zu werden.

Das ist Gewaltfreiheit, frei von der Gefahr leben zu können, als Individuum nicht geachtet und respektiert zu werden, bewertet und verurteilt zu werden, erniedrigt und gedemütigt zu werden.

Stellen wir uns einmal vor, wie sich ein solches Leben anfühlen könnte. Ja, *anfühlen* könnte.

Stellen wir uns einmal vor, wir könnten sicher sein, absolut sicher sein, dass uns niemand zu nahe tritt, uns niemand erniedrigt, uns niemand demütigt, sondern dass wir einfach die sein dürfen, die wir sind, die wir in unserem tiefsten Inneren sind, ohne dafür verurteilt oder abgekanzelt zu werden. Ist das nicht eine herrliche Vorstellung? Ohne Angst vor Sanktionen einfach sein zu können, unsere Gedanken und Gefühle frei äußern zu können, ohne befürchten zu müssen, dafür getadelt oder ausgegrenzt zu werden. Für die meisten von uns ist eine solche Vorstellung so weit von der erlebten und gefühlten Realität entfernt, dass wir uns ein solches Leben nur sehr begrenzt wirklich vorstellen können, geschweige denn uns vorstellen können, wie sich ein solches Sein anfühlen könnte. Paradiesisch würde es sein, soviel wissen wir schon, aber realistisch?

Für die meisten bleibt es nur ein schöner Traum, denn nach unseren Erfahrungen sieht die Welt in der gelebten Realität ganz anders aus.

Und – fragen wir uns doch einmal ehrlich: Leben wir gewaltfrei? Sind wir in der Lage, gewaltfrei zu leben, uns selbst gewaltfrei zu begegnen? Wie würden wir in einer solchen Welt der Gewaltfreiheit leben können, wenn niemand uns mehr kritisieren würde, uns ein bestimmtes Verhalten vorschreiben würde?

Wären wir in der Lage, aufzuhören, uns selbst Gewalt anzutun? Wären wir in der Lage, uns selbst gewaltfrei zu begegnen, uns nicht mehr anzutreiben zu noch mehr Leistung, uns nicht mehr zu kasteien? Wären wir in der Lage, zu glauben, ganz einfach selbstverständlich davon auszugehen, dass niemand etwas von uns erwartet, dass wir frei entscheiden könnten, was wir als nächstes machen wollten, ohne angetrieben zu werden?

Vermutlich nicht. Wir alle haben so viele Überzeugungen und Glaubenssätze aus einer gewalttätigen Welt übernommen, dass wir sie nicht einfach abschalten könnten. Wir könnten einfach nicht glauben, dass uns niemand verurteilt, uns niemand ablehnt, dass niemand etwas von uns erwartet.

Und jetzt kommt das Wichtige daran: Selbst wenn wir in einer Welt leben würden, die uns niemals verurteilt, würden wir immer noch davon ausgehen, dass bestimmte Verhaltensweisen unsererseits „nicht in Ordnung“ sind, und würden mehr oder weniger unbewusst Sanktionen erwarten. Das heißt, selbst in einer völlig gewaltfreien Welt würden wir davon ausgehen, dass wir Gewalt erfahren, und würden über diese Brille unserer negativen Erwartungen all unsere Erfahrungen in einer gewaltfreien Welt so filtern, dass sich unsere Überzeugungen bewahrheiten würden. Das heißt, wir würden überall Gewalt sehen, bzw. in der Außenwelt das sehen, was wir an Überzeugungen in uns tragen. Und damit würden wir uns in einer gewaltfreien Welt eine eigene Welt der Gewalt schaffen, ganz einfach, weil wir nicht aufgehört haben, uns Gewalt anzutun. Die innere Überzeugung, die wir von der Welt in uns tragen, würde uns im Außen immer wieder begegnen, unabhängig von der Realität der Welt.

Nun, das *ist* die Realität unserer Welt. Wir kreieren uns im Außen immer wieder das, was wir an Überzeugungen in uns tragen, ganz allein mit dem Ziel, uns auf diese Weise bewusst zu werden über das, was wir in uns tragen. Denn erst, wenn wir Bewusstheit erlangt haben über etwas, das wir in uns tragen, können wir auch beginnen, es bewusst zu verändern.

# 2. Bedürfnisse achten

Stellen wir uns einmal vor, wir hätten alle unsere Glaubensmuster bereits erkannt und könnten wirklich davon ausgehen, dass wir nicht *mehr* von uns erwarten, als wir bereit sind zu tun, dass wir uns nicht mehr unter Druck setzen und dass wir nicht erwarten, dass andere uns unter Druck setzen oder kritisieren wollen. Das würde heißen, wir hätten keine Angst mehr vor der Ablehnung durch unsere Mitmenschen. Es würde bedeuten, dass wir völlig angstfrei agieren könnten. Und das wiederum würde heißen, dass wir einen Großteil unserer Energie auf das richten könnten, was wir vorhaben, statt uns mit der Reaktion der anderen auf unser Tun zu beschäftigen. Das heißt, wir könnten die Reaktionen der anderen angstfrei wahrnehmen, da wir uns nicht bedroht fühlten. Das würde wiederum bedeuten, dass wir die Reaktionen unserer Umwelt ungefiltert wahrnehmen und sehen könnten, was *wirklich* geschieht, und nicht das, was wir befürchtet haben.

Stellen wir uns eine Situation im Klassenzimmer vor:

Der Lehrer erklärt etwas, die Schüler hören zu – mehr oder weniger.

Der Lehrer hat schlecht geschlafen, er ist mit den Gedanken nicht ganz bei der Sache, vielleicht hat er auch noch Kopfschmerzen. Einige Schüler beginnen zu schwatzen.

Wie reagiert der Lehrer?

Das kommt auf den Lehrer an. Die Tatsache, dass er schlecht geschlafen hat, vermindert die Wahrscheinlichkeit, dass er „objektiv“ reagiert. Wenn er auch noch Kopfschmerzen hat, vermindert das seine Fähigkeit zur „objektiven“ Reaktion noch mehr.

Stellen wir uns der Frage: Was bedeutet es, dass einige Schüler beginnen, sich zu unterhalten?

Es könnte heißen, dass einem Schüler etwas für ihn sehr Wichtiges eingefallen ist, das er seinem Nachbarn, vielleicht seinem besten Freund, unbedingt mitteilen muss, da es ihn sonst an der weiteren Konzentration hindert.

Es könnte sein, dass ihm etwas Lustiges eingefallen ist, das er gern mitteilen möchte. Da er aber den Unterricht des Lehrers nicht stören will, aber auch Angst hat, das Lustige bis zum Ende der Stunde zu vergessen, sagt er seinem Nachbarn schnell, dass er ihm nach der Stunde etwas Lustiges erzählen will.

Es könnte sein, dass einem Schüler zu kalt ist, weil das Fenster weit offen steht, oder einem anderen zu warm ist und er das Fenster gern geöffnet haben möchte, den Unterricht aber nicht stören möchte.

Es könnte sein, dass jemand etwas nicht verstanden hat, was ihm ein mehr oder weniger unangenehmes Gefühl bereitet. Und so muss er das seinem Nachbarn schnell mitteilen, damit das unangenehme Gefühl wenigstens etwas nachlässt.

Es könnte sein, dass der betreffende Schüler ebenfalls nicht genug geschlafen hat, weil er zu lange ferngesehen hat oder weil seine Eltern sich lautstark gestritten haben oder weil er einen anderen Kummer hat.

Es gibt unendliche Möglichkeiten, warum ein Schüler sich nicht am Unterricht beteiligt bzw. zu „schwatzen“ beginnt.

Wir haben gesehen, dass das, was für den Lehrer „schwatzen“ ist, eine sehr wichtige Mitteilung, eine Entlastung von unangenehmen Gefühlen, etwas für den Schüler außerordentlich Bedeutsames sein kann.

Es kann natürlich auch sein, dass ihn der Stoff nicht interessiert, dass er sich also langweilt. Und es könnte auch sein, dass er den Lehrer nicht mag, dass er seine Art zu erklären nicht versteht, dass ihm sein Unterrichtsstil nicht behagt.

Doch welche Möglichkeiten hat ein Schüler, das zu äußern, ohne Sanktionen erwarten zu müssen?

Selbst wenn er nur ein ganz natürliches Bedürfnis zum Beispiel nach frischer Luft äußert, läuft er Gefahr, den Unterricht zu stören, obwohl das vielleicht gar nicht seine Absicht ist.

Sollte er gar weitergehende Bedürfnisse haben, wie zum Beispiel sich bewegen zu müssen, wenn er intensiv nachdenkt, so bekommt er wirkliche Probleme.

Das heißt, der Schüler hat per se kaum eine Möglichkeit, seine Bedürfnisse zu äußern.

Wie ist das bei dem Lehrer? Hat er Möglichkeiten, seine Bedürfnisse zu äußern?

Er hat zumindest den Vorteil, dass er das „Sagen" in der Klasse hat, wenigstens im herkömmlichen Schulsystem.

Aber was nutzt ihm das?

Was nutzt ihm das, solange er sich gar nicht darüber im Klaren ist, welche Bedürfnisse er selbst hat?

Je jünger wir sind, desto unmittelbarer spüren wir unsere Bedürfnisse noch. Mit der Zeit aber lernen wir alle, dass unsere Bedürfnisse nicht erwünscht sind, dass sie mit den Bedürfnissen unserer Eltern kollidieren, vor allem wenn unsere Eltern selbst noch bedürftige Kinder sind, in dem Sinne, dass sie nie gelernt haben, dass sie Bedürfnisse haben und dass sie das Recht haben, sich diese Bedürfnisse auch zu erfüllen, wie zum Beispiel das Bedürfnis, liebevoll und achtsam behandelt zu werden – durch sich selbst.

Je bedürftiger unsere Eltern in ihrer Emotionalität waren, desto weniger sind unsere eigenen Bedürfnisse berücksichtigt und geachtet worden. Und desto bedürftiger sind wir auch als Erwachsene oft noch. Dann erwarten wir immer noch die Erfüllung unserer Bedürfnisse durch die Umwelt.

Stellen wir uns einen in diesem Sinne bedürftigen Lehrer vor. Wie geht er mit der Situation um, dass einige Schüler zu „schwatzen" beginnen?

Vermutlich wird in einem solchen Lehrer das Gefühl aktiviert, wieder nicht gesehen zu werden, wieder nicht beachtet zu werden in seinen Bedürfnissen, zum Beispiel dem Bedürfnis, sich ungestört äußern zu können. Je bedürftiger ein Lehrer ist, desto schwieriger wird es für ihn sein, gelassen auf das „Schwatzen" der Schüler zu reagieren. Oder anders herum ausgedrückt: Je weniger bedürftig ein Lehrer ist, desto leichter wird es ihm fallen, die Bedürfnisse der Schüler wahrzunehmen bzw. die Bedürfnisse der Schüler nicht als Bedrohung für sich und seine Bedürfnisse zu sehen.

In einem solchen Fall ist ein Lehrer auch in der Lage, das „Schwatzen" zwar als Störung wahrzunehmen, nicht aber als einen Angriff auf seine Persönlichkeit. Und somit kann er gelassen und vor allem angemessen darauf reagieren. Sollte er starke Kopfschmerzen haben, so wird jedes Geräusch in der Klasse eine Belastung für ihn darstellen und ihm die Konzentration, die ihm aufgrund der Kopfschmerzen ohnehin nicht leicht fällt, noch weiter erschweren. Dann aber kann er darauf hinweisen und die Schüler bitten, sich in der betreffenden Stunde zurückzunehmen.

Je mehr Schüler es gewohnt sind, dass auch ihre Bedürfnisse vom Lehrer geachtet werden, desto eher sind sie bereit, auch die Bedürfnisse der Lehrer zu achten.

## 3. Vertrauen haben in das Potenzial und in die Lernfähigkeit unserer Kinder

Stellen wir uns weiterhin vor, wir hätten bereits alle unsere Ängste überwunden, all die Ängste, nicht zu genügen, nicht gut genug zu sein, die Angst, den Anforderungen der Gesellschaft nicht entsprechen zu können. Stellen wir uns vor, wir könnten einfach sein in dem Bewusstsein, dass wir so, wie wir sind, in Ordnung sind, ganz einfach, weil wir sind, nicht, weil wir etwas leisten. Das ist für die meisten von uns ein völlig neuer Gedanke: in Ordnung zu sein, ohne etwas zu leisten. Das heißt auch, einen Wert zu haben, ohne etwas zu leisten, etwas wert zu sein nur durch unser Sein.

Bei Neugeborenen gehen wir davon aus, dass das Kind, so wie es ist, in Ordnung ist, zumindest, wenn es nach herkömmlichen Maßstäben gesund ist. Doch schon nach kurzer Zeit beginnen wir das, was unser Kind kann, mit dem zu vergleichen, was andere Kinder bereits können. Und so beginnen wir, ganz selbstverständlich, das Kind bereits im Säuglingsalter zu einer Art „Leistung“ anzutreiben. Es sollte bereits sitzen, krabbeln, stehen, laufen, sprechen. Es sollte dies und das bereits tun. Warum? Warum können wir nicht in Ruhe abwarten, dass die Entwicklung dieses Wunders Mensch ganz von allein abläuft, in der für das jeweilige Individuum entsprechenden Art und Weise und vor allem in der individuell benötigten Zeit? Der eine sitzt früh, der andere spricht früh, der dritte krabbelt früh, der vierte mag sich zunächst überhaupt nicht bewegen. Und je nach Veranlagung braucht das Kind für die eine oder andere Fertigkeit mehr Zeit und Übung als für eine andere.

Warum können wir nicht darauf vertrauen, dass das Kind „weiß“, in welchem Tempo es sich optimal entwickeln kann, dass es ganz von allein spürt und damit „weiß“, welche Muskelgruppen noch trainiert werden müssen, um zum Beispiel ein optimales Gleichgewicht zwischen beiden Körperhälften zu erlangen, um dann ganz leicht und frei gehen lernen zu können. Die Erfahrung zeigt, dass wir mehr Schaden anrichten können als Nutzen bringen, wenn wir in die motorische Entwicklung eines Kindes zu stark „helfend“ eingreifen. Und dennoch beäugen so viele Eltern ihre Kinder argwöhnisch mit der latenten Angst, etwas könnte nicht „in Ordnung“ sein, etwas könnte in der Entwicklung verzögert sein. Warum?

Stellen wir uns Eltern vor, die in der Lage sind, der Entwicklung ihres Kindes mit Gelassenheit und einer großen Portion Vertrauen in ihr Kind beizuwohnen. Stellen wir uns als Gegenstück Eltern vor, die bei jeder Gelegenheit „korrigierend“ eingreifen, um dem Kind zu helfen, sich „optimal“ zu entwickeln. Nehmen wir an, die Kinder verbringen die meiste Zeit mit ihren Eltern, so dass die unterschiedlichen „Erziehungsversuche“ nicht durch andere Personen gestört oder relativiert werden. Das Kind der gelassenen Eltern, das zwar ein geschütztes, liebevolles Umfeld hat, sich die Welt aber nach seinem Tempo erschließen kann, hat vor allem einen entscheidenden Vorteil gegenüber dem Kind, dem ständig „geholfen“ wird: Es kann sich frei entwickeln, es kann die Freude am Lernen erfahren, die Freude an der Eigenständigkeit, und es kann Vertrauen in sein Lernen und seine Fähigkeiten entwickeln. Und damit hat es einen wunderbaren Start ins Leben.

Das andere Kind wird zwar auch viele Entwicklungsschritte durchlaufen, es wird aber kaum die Möglichkeit haben, sich selbstständig Dinge zu erschließen und die Freude am eigenen Erfolg zu erfahren, denn dieses Kind erfährt bei all seiner Entwicklung die Abhängigkeit von den Eltern.

Warum können so wenige Eltern die Entwicklung ihrer Kinder so wenig gelassen begleiten?

Warum haben so wenig Eltern Vertrauen in die Fähigkeiten und das Entwicklungspotenzial ihrer Kinder? Nun, die meisten von ihnen hatten selbst keine oder kaum eine Möglichkeit, „ungestört“ heranwachsen zu können, ein freies und lernförderndes

Umfeld zu haben, das ihnen die Möglichkeiten gab, sich mehr oder weniger eigenständig zu entwickeln. Es fehlt ihnen das Vertrauen in die eigenen Fähigkeiten, in das eigene Lernpotenzial und damit auch das Vertrauen in das Potenzial ihrer Kinder. Und so meinen sie, ihre Kinder fördern zu müssen, und bemerken dabei nicht, dass sie ihre Kinder immer wieder entmündigen, dass sie ihnen die Möglichkeit nehmen, aus sich selbst heraus zu lernen, die Welt zu erkunden und zu begreifen und so ein tiefes Vertrauen in die eigenen Fähigkeiten zu entwickeln.

Treten wir einen Schritt zurück. Lassen wir den Kindern Zeit, sich in ihrem eigenen Tempo zu entwickeln. Nicht jeder wird später ein begnadeter Turner oder ein begnadeter Dolmetscher. Jeder hat seine eigenen Fähigkeiten, sein ureigenes Potenzial. Und er ist gekommen, dieses Potenzial zu entwickeln, nicht ein von der „Norm" vorgeschriebenes.

Lassen wir unseren Kindern Zeit, sich zu entwickeln. Erziehen wir sie nicht nach Normen, die ihnen nicht entsprechen, erwarten wir von ihnen nicht Dinge, die nicht ihrem Potenzial entsprechen, denn damit schaden wir ihnen nur.

Und vor allem: Überprüfen wir immer wieder, warum wir unseren Kindern „helfen", Normen zu erfüllen. Überprüfen wir immer wieder, ob wir etwas von unseren Kindern erwarten, weil wir selbst Angst haben, Normen nicht erfüllen zu können, weil wir meinen, nicht „in Ordnung" zu sein, wenn wir oder unsere Kinder von der Norm abweichen. Überprüfen wir immer wieder, ob wir Angst haben, nicht in Ordnung zu sein, wenn unsere Kinder nicht „richtig" zu sein scheinen.

# 4. Unsere Einzigartigkeit anerkennen

Die Angst, nicht in Ordnung zu sein, ist der größte Antriebsmotor für viele Menschen, etwas zu unternehmen. Das ist aber nicht das, was sie sich für dieses Leben eigentlich vorgenommen hatten. Da sie aber so sehr damit beschäftigt sind, etwas zu finden, das ihnen das Gefühl vermittelt, wenigstens „ein bisschen in Ordnung" zu sein, haben sie überhaupt keine Kapazitäten mehr frei, um in sich fühlen zu können, was sie sich eigentlich vorgenommen hatten. Das heißt, ihr Gefühl, nicht in Ordnung zu sein, wird sich nicht beseitigen lassen, da es letztlich das Gefühl ist, nicht das „Richtige" zu machen, nicht den selbst gewählten Plan zu erfüllen, sondern ständig vom Eigentlichen, vom Wichtigen abgelenkt zu sein. Und das entspricht letztlich auch der Wahrheit.

Die radikalste Lösung bestünde darin, sich von all dem aufgeladenen Ballast an übernommenen Glaubenssätzen, Überzeugungen, aufgezwängten Normen und Ansprüchen zu befreien, um wieder in der Lage zu sein, unverfälscht die inneren Impulse wahrnehmen zu können, die unsere Seele uns vermittelt, und zwar unaufhörlich vermittelt. Unsere Seele kennt unseren Plan, unsere Seele weiß um all unsere mitgebrachten Fähigkeiten und Talente, weiß um den Schatz, den wir mit in dieses Leben gebracht haben und den es zu heben gilt, für uns selbst und für die Welt. Jeder und jede hat diesen Schatz in sich, trägt diesen einzigartigen Schatz in sich, der nur darauf wartet, befreit zu werden, um uneingeschränkt gelebt werden zu können.

Stellen wir uns doch einmal für einen Augenblick ein Individuum vor, das ganz befreit seinen Schatz entdecken und freilegen kann, um dann diesen kostbaren Schatz der Welt geben zu können! Wie viel Freude und Genugtuung im wahrsten Sinne des Wortes wird dieses Individuum verspüren können, wenn es der Welt seinen Schatz geben kann, wenn es seine Fähigkeiten mit der Welt teilen kann, wenn es seinen Platz voll und ganz ausfüllen kann in dem Bewusstsein, ein für die Gemeinschaft wichtiges und unentbehrliches Glied zu sein.

Wenn es das Gefühl haben kann, „genug“ getan zu haben, „genug“ tun zu können, nicht, weil jemand anderes es als „genug“ beurteilt, sondern weil es im tiefsten Inneren spüren kann und damit mit Sicherheit weiß, dass es alles, was es geben kann, auch gibt und dass niemand mehr von ihm erwarten kann oder erwartet als das, was es zu geben hat.

Ein solches Individuum weiß tief in sich, mit unumstößlicher Gewissheit, dass es „richtig“ ist, weil es so ist, wie es ist, weil es das tut, was in ihm angelegt ist, und dabei tiefe Freude empfinden kann. Und ein solches Individuum ist ein wahres Geschenk für seine Welt.

Sehen wir uns im Gegensatz dazu einmal an, wie die meisten von uns groß geworden sind: in einer Welt voller Erwartungen, voller Ansprüche, wie „man“ zu sein hat, was „man“ zu leisten hat, unabhängig davon, was wir mit in dieses Leben gebracht haben. Und so laufen wir immer und immer wieder diffusen Leistungsansprüchen hinterher, kämpfen mit einschränkenden Glaubenssätzen, die uns im schlimmsten Fall suggerieren, dass wir es überhaupt nicht wert sind, dieses Leben zu leben, geschweige denn, in diesem Leben Erfolg und Anerkennung erwarten zu können. Damit vergewaltigen wir uns selbst immer wieder, so wie wir von unserer Umwelt vergewaltigt worden sind, indem wir nicht die Möglichkeit hatten, selbstbestimmt entscheiden zu können, was als Nächstes für uns anstand.

Wie können wir ernsthaft meinen, wissen zu können, wann ein Kind etwas lernen soll? Wie können wir ernsthaft davon ausgehen, dass alle Kinder in einem bestimmten Alter bestimmte Fähigkeiten zu entwickeln haben? Wie können wir wissen, was für ein Kind wichtig und richtig ist?

Wir können es nicht wissen. So einfach ist das. Wir können es nur annehmen, und dabei können wir uns ganz gewaltig irren. Denn da wir uns immer nur von *unserem* Standpunkt, von *unseren* Erfahrungen, von *unserer* Warte aus der Frage nähern, was ein Kind lernen sollte, können wir eigentlich immer nur danebenliegen. Wir können einfach nicht wissen, was ein Kind als Nächstes lernen „sollte", oder besser gesagt, was sich ein Kind als Nächstes erschließen wird, wenn wir es lassen. Wir können uns nur überraschen lassen und uns daran erfreuen. Wie oft sind Eltern überrascht über das, was Kinder mit Vorliebe tun, weil sie nie auf die Idee gekommen wären, es ihrem Kind vorzuschlagen, weil es ihnen selbst nicht entspricht. Kinder sind so „anders", genau wie ihre Eltern. Wir alle sind so „anders". Das fühlen wir so oft und meinen in den meisten Fällen, dass wir nicht in Ordnung sind, wenn wir uns „anders" fühlen. Aber wie können wir denn sein, wenn wir Individuen sind? Wir können nur anders sein als die anderen, wir können nur einzigartig sein, mit unseren ganz eigenen Talenten und Begabungen, mit unserer ganz eigenen Gefühlswelt, unserer ganz eigenen Wahrnehmung und Sichtweise der Welt. Und je eher wir das anerkennen, desto besser. Je eher wir anerkennen, als ganz selbstverständlich anerkennen, dass wir gar nicht anders sein können als anders, desto eher ist es uns möglich, uns anzuerkennen für das, was wir sind, desto eher können wir endlich aufhören, uns immer wieder mit anderen vergleichen zu wollen, mit dem stets gleichen Ergebnis, dass wir meinen, andere könnten die Dinge viel leichter und besser tun als wir selbst. Solange wir unsere Einzigartigkeit nicht anerkennen, solange wir *unsere* Art, zu sein und die Dinge zu tun, nicht anerkennen, solange wird der Vergleich mit anderen immer wieder zu unseren Ungunsten ausfallen.

# 5. Ehrlichkeit uns selbst gegenüber

Nehmen wir noch einmal an, wir hätten bereits alle Glaubenssätze in uns überwunden und könnten einfach sein, in jedem Augenblick einfach sein. Nehmen wir vielleicht sogar an, wir hätten nie einen Glaubenssatz unserer Umwelt übernommen, sondern könnten sozusagen als unbeschriebenes Blatt unseren Weg durch dieses Leben starten, ohne irgendein Hindernis, ohne irgendeine Forderung an uns, in irgendeiner erwarteten Weise zu sein oder zu handeln. Wie würde unser Lebensweg aussehen? Wie würde es sich anfühlen, einfach sein zu können, ungehindert innere Impulse wahrnehmen und umsetzen zu können? Neue Dinge einfach ausprobieren zu können, lernen zu können, wie Leben „geht“, auf unsere einzigartige Weise, ohne die Angst, etwas „falsch“ zu machen, ohne die Angst, Unmut zu erregen, weil wir nicht der „Norm“ entsprechen. Wäre das nicht wunderbar? Wäre das nicht das Paradies?

Zumindest würde uns nichts und niemand das Lernen vergällen. Wenn wir keiner Norm zu entsprechen bräuchten, könnten wir einfach unseren Neigungen nachgehen, uns von unseren inneren Impulsen leiten lassen, uns uneingeschränkt entfalten. Und dann könnte unser Potenzial uneingeschränkt erblühen, in seiner ganzen Größe und Vielfalt. Das Einzigartige in uns würde zum Vorschein kommen, es könnte in uns erblühen. Es könnte uns und unsere Umwelt mehr und mehr bereichern. Und vor allem, es würde zu unserer und aller Freude beitragen. Und das allein wäre ein wunderbarer Motor, das eigene Potenzial noch weiter zu ergründen, es noch weiter erblühen zu lassen, so dass wir Zeit unseres Lebens Entdecker und Lernende blieben, Entdecker all der wunderbaren Schätze in uns. Welche Freude wäre das immer wieder aufs Neue!

Sehen wir uns im Gegensatz dazu unsere Realität an. Haben wir uns frei entwickeln können? Haben wir unser Potenzial zum Erblühen bringen können? Erfüllen wir Aufgaben, die uns erfüllen, die uns immer wieder tiefe Freude und Erfüllung bringen? Wie ist unser Lebensgefühl? Freudig? Zufrieden, von Dankbarkeit geprägt, weil wir wissen, dass wir uns in unserer Einzigartigkeit und Vielfalt leben – oder nicht?

Sollen unsere Kinder so leben wie wir? Sollen sie mit dem gleichen Lebensgefühl durch ihr Leben gehen wie wir? Sollen sie die gleiche tiefe Unzufriedenheit spüren? Sollen sie von dem gleichen Gefühl verfolgt werden, nicht genug leisten zu können, nicht genug sein zu können, Erwartungen an sich selbst nicht erfüllen zu können? Wollen wir das wirklich?

Wollen wir ihnen das antun? Oder wollen wir nicht endlich diese endlose Linie von Erwartung und Enttäuschung, von Hoffnung und Bitterkeit, von tiefer Unzufriedenheit und dem Gefühl des Mangels unterbrechen? Wollen wir nicht endlich dazu beitragen, dass unsere Kinder in der Lage sind, eine bessere Welt zu schaffen? Dann geben wir ihnen die Chance, die zu sein, die sie sind, und erwarten nicht ständig, dass sie zu sein haben, wie die „Norm“ es vorschreibt. Lassen wir endlich von unseren Erwartungen ab. Seien wir ehrlich zu uns selbst und überprüfen wir immer wieder bei uns selbst, warum wir etwas tun: weil man es von uns erwartet oder weil wir es selbst wollen, aus uns selbst heraus, weil wir dazu den Impuls verspüren.

Beginnen wir mit der Ehrlichkeit uns selbst gegenüber. Welche Geschichten des Lebens schreiben wir selbst? Die der Erfolgreichen, die sich abstrampeln und viel Geld verdienen, damit sie anerkannt sind? Die der Intellektuellen, die „wissen“, wie es zu gehen hat, und die sich damit über alle anderen erhöhen können? Die der Fleißigen, die alle ihnen aufgetragenen Aufgaben stets zur vollen Zufriedenheit aller erledigen und sich dabei für ein bisschen Anerkennung selbst verkaufen? Die der stets Unzufriedenen, die immer Pech haben, die immer benachteiligt sind und vom Leben betrogen werden?

Wie haben wir uns unser Leben zurechtgelegt, damit wir es aushalten, dass wir unser Potenzial nicht wirklich leben? Welche Kompensation ermöglicht es uns, so zu leben, wie wir leben? Wo lassen wir uns einsperren von Glaubenssätzen, übernommenen Überzeugungen, wie die Dinge sind oder wie sie zu sein haben?

Wenn wir wirklich beginnen wollen, uns aus dem Gefängnis unserer Glaubenssätze zu befreien, müssen wir beginnen, uns immer wieder ehrlich zu fragen: Mache ich das, was ich tue, weil ich es wirklich will? Bereitet es mir Freude, erfüllt es mich wirklich? Bin ich wirklich ganz ich selbst? Oder tue ich es nur, weil ich meine, dass ich es tun sollte. Mache ich es nur, weil ich den „Vorschriften" Genüge tun will, obwohl mein Gefühl mir schon seit geraumer Zeit vermittelt, dass es der letzte Blödsinn ist, den man da von mir verlangt. Warum tue ich es dann? Warum folge ich den Vorschriften? Welche Begründungen oder Ausflüchte finde ich, um das zu tun, was ich augenscheinlich für falsch halte, was mir widerstrebt?

Warum gebe ich meinem Gefühl, meiner inneren Stimme so wenig Raum? Welche Instanz erkenne ich mehr an? Die der Vorgesetzten, die der Vorschriften oder meine innere Stimme, mein Bauchgefühl, meine Intuition?

Wenn wir wirklich alle uns selbst leben würden, wirklich unserem gesunden Menschenverstand und unserem Gefühl folgen würden, würden wir so manche Dinge nicht mehr tun. Und die Welt würde sich sehr schnell verändern.

# 6. Folgen wir unserem Herzen

Warum folgen wir so selten unserem Gefühl? Warum meinen wir, in den wirklich wichtigen Dingen unseren Kopf einschalten zu müssen, und zerdenken die Dinge so lange, bis wir überhaupt nicht mehr wissen, was wir tun sollen? Was hat uns dahin gebracht, uns so zu verhalten? Wer hat uns beigebracht, zu glauben, dass der Verstand in der Lage sei, die wichtigen Fragen des Lebens zu beantworten, die für uns wichtigen Probleme zu lösen?

Meinen wir denn tatsächlich, dass der Verstand schlau und gebildet genug sei, die großen Zusammenhänge des Lebens zu erkennen? Wir wissen doch alle aus eigener Erfahrung, dass uns der Verstand in den wirklich wichtigen Dingen des Lebens nur selten weiterhilft. Wir wissen doch alle, dass der Verstand uns oft genug an den immer gleichen schmerzhaften Stellen unseres Lebens festhält, den Schmerz immer und immer wieder in Gedanken wiederholt und uns keinen Schritt weiterbringt. Warum legen wir dann so großen Wert auf ihn? Warum räumen wir ihm einen Platz in unserem Leben ein, der ihm nicht gebührt? Warum geben wir ihm nicht einfach den Raum, der ihm zusteht, und wenden uns dann den wirklich wichtigen Dingen in unserem Leben zu und ziehen unseren Verstand zu Rate, wenn er sinnvoll eingesetzt werden kann?

Hören wir doch endlich auf, unseren Kopf so entsetzlich aufzublasen. Fangen wir doch endlich an, unserem Herzen Gehör zu schenken, unser Herz zu befragen. Es kennt die Antworten des Lebens, es weiß auf jede Frage die Antwort des Lebens, denn es ist das Leben selbst. Das Herz ist verbunden mit der Weisheit des Herzens, die dem Verstand verschlossen bleibt, solange er das Herz nicht befragt. Unser Herz ist verbunden mit der Weisheit des Lebens, die uns in jedem Augenblick unseres Lebens offensteht, die uns zur Verfügung steht, die uns sicher führt und leitet, so wir ihr denn lauschen. Erst mit der Weisheit des Herzens ist wirkliches Erkennen möglich, erst mit der Weisheit des Herzens ist wirkliches Verstehen möglich, erst mit der Weisheit des Herzens ist das Erfassen der großen Zusammenhänge, der Verknüpfungen, der Gesetzmäßigkeiten des Lebens möglich. Erst mit der Weisheit des Herzens ist wirkliches Leben möglich, erfülltes, glückliches Leben.

Ein Leben nur aus dem Verstand bleibt arm und klein, es lebt aus der Angst, nicht genug zu wissen, nicht genug zu verstehen, nicht genug gelernt zu haben, nicht genug zu sein. Mit Recht. Denn einem Leben nur aus dem Verstand fehlt die Verbindung zum Ganzen, aus dem es lebt. Also kann es nur den Mangel leben, den Mangel erleben, im ständigen Kampf gegen den Mangel. Erst wenn wir uns auf die Herzensebene einlassen, kann das wirkliche Leben in uns Einzug halten. Erst wenn wir uns auf unser Herz einlassen, kann wahres Leben in uns Einzug halten, Leben in all seinen Formen der Liebe und Erfüllung.

Lassen wir uns darauf ein. Wir können nichts verlieren, wir können nur gewinnen. Wir können endlich ganz und heil werden, wenn wir uns auf alle Aspekte unserer selbst einlassen.

Wenn wir unser Herz für uns selbst öffnen, für alles, was wir sind, für unsere sogenannten Schwächen und unsere sogenannten Stärken, können wir endlich in unserem ganzen Potenzial erblühen, ohne es anderen zeigen zu müssen, wie wunderbar wir sind. Wenn wir uns auf unser Herz einlassen, ist es ganz offensichtlich, wie wunderbar wir sind, jeder Einzelne von uns. Denn wenn wir uns auf unser Herz einlassen, kann sich unser ganzer Reichtum zeigen, in jedem von uns, und dann kann die Welt von uns allen bereichert werden.

Erst wenn wir uns auf unser Herz einlassen, kann unser Verstand sinnvolle Arbeit leisten, denn wenn er in Verbindung steht mit unserem Herzen, weitet sich sein Horizont ganz von selbst.

Und erst wenn wir uns auf unser Herz einlassen, kann es uns den Weg der Liebe zeigen, der Liebe zu uns selbst und zu der ganzen Schöpfung. Denn wenn wir begreifen, aus unserem Herzen, dass wir mit allem verbunden sind, dass es keine wirkliche Trennung gibt, können wir jede Form des Kampfes hinter uns lassen. Denn wenn wir mit allem verbunden sind, kann es nur ein gemeinsames Ziel geben:

das ganze Potenzial zu befreien, das wir miteinander in diese Welt gebären können. Damit hebt sich jedes Gegeneinander auf, damit zeigt sich der Weg der neuen Zeit, der Weg des Miteinander in der Verbundenheit des Herzens.

Lassen wir uns ein auf unser Herz, öffnen wir es jeden Tag neu, ganz bewusst, für uns selbst und die Welt, und erleben wir die Wunder, die geschehen können, wenn wir unserem Herzen und seiner Verbundenheit vertrauen. Lassen wir uns ein auf uns selbst, auf all das, was wir in uns tragen seit Anbeginn der Zeit. Lassen wir uns ein, lassen wir uns sein, wie wir sind, in unserem Herzen. Öffnen wir uns jeden Tag neu für uns selbst und die Welt.

# 7. Finden wir heraus, was wir wirklich wollen

Gehen wir noch einmal davon aus, dass wir alle unsere Glaubenssätze überwunden hätten, dass wir in jedem Augenblick vollkommen frei entscheiden könnten, was für uns anliegt, was wir als Nächstes tun. Stellen wir uns weiterhin vor, dass uns das als etwas vollkommen Natürliches erscheinen würde, weil wir gar nichts anderes kennengelernt hätten. Was würden wir tun? Würden wir unsere Arbeit weiterhin verrichten? Würden wir sie weiterhin so verrichten, wie wir es bisher getan haben? Oder würden wir nicht vieles anders machen als bisher?

Lassen wir uns einen Augenblick Zeit, uns das auf der Zunge zergehen zu lassen: Wir könnten jeden Moment unseren Impulsen folgen. Wir hätten keine Angst vor Sanktionen, vor Verurteilungen. Wir könnten einfach tun, was uns entspricht.

Welche Regeln würden wir abschaffen? Welche Vorschriften würden unserem neuen Verhalten als erste zum Opfer fallen? Welche Prioritäten würden wir setzen?

Nun, das wäre für jeden für uns sehr unterschiedlich, denn wir alle haben unterschiedliche Neigungen, Begabungen, innere Strukturen. Aber stellen wir uns doch einmal ganz konkret der Frage: Was wäre mir am wichtigsten? Welches wäre meine Herzensmotivation? Was würde mir am meisten Freude bereiten? Was würde mir am meisten Erfüllung bringen?

Und stellen wir uns der Frage: Lebe ich das bereits? Finde ich Erfüllung in dem, was ich tue, in dem, wie ich es tue? Folge ich meinen inneren Impulsen? Wo handle ich immer wieder gegen meine Überzeugungen? Wo lasse ich am meisten Kraft? Was will ich wirklich?

Stellen wir uns weiterhin vor, wir könnten unsere Erkenntnisse sofort in die Tat umsetzen. Was würden wir tun? Was würden wir ändern? Was wäre uns für uns selbst am wichtigsten?

Wir würden uns mehr Freiraum schaffen, würden dafür sorgen, dass wir Bedingungen hätten, die uns und unseren Neigungen mehr entsprächen, die uns mehr Raum geben würden, das zu tun, was uns Spaß macht.

Wie würde sich unser Lebensgefühl verändern? Mit welchem Gefühl würden wir unsere Arbeit jeden Tag aufnehmen? Lassen wir unserer Fantasie für einen Augenblick freien Lauf. Erlauben wir uns für einen Moment die Vorstellung unseres Ideals. Lassen wir zu, dass sich unsere tiefsten Wünsche von einem erfüllten und glücklichen Leben zeigen. Lassen wir uns einen Augenblick Zeit, wieder tief in uns zu fühlen, was wir eigentlich wollten.

Wollten wir so leben, wie wir es tun? Wollten wir uns so unter Druck setzen? Wollten wir uns so sehr den „Gegebenheiten" anpassen gegen unsere Überzeugung?

Zugegeben, das sind sehr unbequeme Fragen. Doch wenn wir etwas verändern wollen, müssen wir zunächst einmal herausfinden, was uns wirklich wichtig ist. Wir müssen uns der Frage stellen, was wir wirklich wollen. Oft wissen wir genau, was wir nicht wollen. Aber wissen wir denn überhaupt noch, was wir wollen? Haben wir uns nicht so sehr daran gewöhnt, dass es kaum Möglichkeiten gibt, das zu tun, was wir wirklich wollen? Sind wir es nicht von klein auf gewohnt, dass andere für uns entscheiden, dass andere uns sagen, was gut und richtig für uns ist? Wir haben verlernt, uns zu fragen, was wir wirklich wollen, und wir haben es zum Teil vergessen, weil wir irgendwann entschieden haben, dass wir sowieso nicht das tun können, was uns entspricht. Niemand hat sich wirklich dafür interessiert, was *unsere* Begabungen sind, *unsere* ureigenen Talente und Begabungen. Funktionieren sollten wir, etwas „erreichen". Die Frage ist nur, was? Wer hat sich in unserem Leben wirklich die Zeit genommen, um uns zuzuhören, von den eigenen Erwartungen abzusehen, um herauszufinden, was wir wirklich wollten? Und wer hat uns den Raum gegeben, wirklich der oder die zu sein, die oder

der wir wirklich sind? Wann immer das in unserem Leben geschehen ist, hat sich ein Licht für uns aufgetan. Wann immer das in unserem Leben geschehen ist, hat unsere Seele Raum bekommen, sich zu entfalten. Wann immer das in unserem Leben geschehen ist, sind wir gewachsen und uns selbst ein Stück näher gekommen. Unsere Seele lechzt immer noch nach solchen Möglichkeiten. Sie weiß um unser wahres Potenzial, sie weiß um den Auftrag, den wir uns für dieses Leben gegeben haben. Sie weiß, was wir hier tun wollten. Geben wir ihr wieder Raum, lauschen wir unserer inneren Stimme wieder, um herauszufinden, was wir wirklich wollen. Es ist nie zu spät.

## 8. Leidensdruck und die Bereitschaft zur Veränderung

Gehen wir noch einmal davon aus, dass wir uns selbst bereits leben mit allem, was zu uns gehört, mit allem, was uns ausmacht in unserer Einzigartigkeit. Gehen wir noch einmal davon aus, dass wir uns bereits einlassen können auf tiefste Schichten unserer selbst, dass wir eintauchen können in unser göttliches ICH BIN, dass wir ungefiltert all die Impulse aufnehmen können, die unsere Seele uns vermittelt, immer wieder, immer wieder neu. Stellen wir uns vor, welche Ruhe und Gelassenheit uns durchströmen würde, wenn wir in dem tiefen Vertrauen leben könnten, dass unsere Seele uns immer den rechten Weg zeigt, dass ihre Impulse uns immer zur rechten Zeit zum rechten Ort führen, dass wir also all unsere Chancen, die das Leben uns bietet, ohne Kraftanstrengung wahrnehmen könnten. Wie könnten wir aufatmen, wie unbelastet wären wir von Sorgen um das Morgen! Wenn wir uns immer wieder auf den Moment konzentrieren könnten, uns dem Moment hingeben könnten, in dem Wissen, dass wir uns um das Morgen keine Sorgen zu machen bräuchten, könnten wir beginnen, wirklich zu leben, statt von einem Moment zum anderen zu hetzen in der Angst, nicht alles zu „schaffen", was wir uns vorgenommen haben.

Warum nehmen wir uns ständig so viel vor? Warum füllen wir unseren Kopf und unsere Tage mit so viel Ballast, so viel unnötigem Ballast, so dass wir vor lauter Ballast vergessen, was es heißt, wirklich zu leben? Dass wir vor lauter Ballast vergessen, wie es sich anfühlt, lebendig zu sein, voller Lebensfreude, voller Energie?

Immer und immer wieder beschweren wir uns, dass wir so viel zu tun haben. Warum verändern wir dann unser Leben nicht? Wer soll es denn ändern, wenn nicht wir selbst? Nur wir selbst können die Entscheidung treffen, etwas zu verändern, Ballast über Bord zu werfen, unwichtige Dinge aus unserem Leben verschwinden zu lassen. Nur wir selbst sind in der Lage, etwas zu verändern in unserem Leben.

Warum tun wir es so selten? Warum lassen wir uns immer wieder einholen von alten Ansprüchen, die bei Lichte besehen gar nicht unsere sind?

Es ist die Angst, nicht zu genügen, nicht genug zu leisten, kein vollwertiges, anerkanntes Mitglied der Gesellschaft zu sein.

Ab wann ist man denn ein vollwertiges, anerkanntes Mitglied der Gesellschaft? Welche Kriterien gelten da? Welche Kriterien legen wir selber an? Welche Maßstäbe legen wir an? Sind wir da so sicher, ab wann wir anerkanntes Mitglied der Gesellschaft sind? Fühlen wir uns als anerkanntes Mitglied der Gesellschaft?

Die Frage müsste eher lauten: Erkenne ich mich an als vollwertiges Mitglied der Gesellschaft? Erkenne ich mich an für das, was ich bin, für das, was ich zu geben habe aus mir selbst, nicht, weil die „anderen" es von mir verlangen.

Solange ich mich nicht selbst anerkenne für das, was ich bin, solange ich mich nicht in Ruhe *sein* lassen kann, weil ich tief in mir spüre, dass ich so, wie ich bin, „in Ordnung" bin, dass ich so, wie ich bin, als einzigartiges, wertvolles Wesen, nichts zu leisten habe, um wertvoll zu sein, laufe ich mein ganzes Leben lang der Anerkennung durch das Außen ohne Erfolg hinterher. Denn erst, wenn ich mich selbst anerkenne, wie ich bin, wird mich das „Außen" ebenfalls anerkennen als das, was ich bin.

Da wir in unserer Kindheit in den seltensten Fällen die Anerkennung erfahren haben, die uns gebührt, da wir in den seltensten Fällen Eltern und Erzieher hatten, die sich selbst anerkennen konnten und sich somit von vorgegebenen Ansprüchen befreit hatten, haben wir viele „Ansprüche" und „Vorgaben" ungeprüft übernommen. Und das Schlimme ist, wir geben sie häufig ungeprüft weiter. Obwohl wir wissen, welche Folgen die ungeprüfte Übernahme von „anerkannten Maßstäben" für unser Lebensgefühl hatte und hat, ändern wir nichts oder nur wenig. Die Angst, nicht zu genügen, nicht der „Norm" zu entsprechen, die

Angst, nicht anerkannt zu sein, hindert uns, klar zu sehen und zu handeln.

Und so handeln wir Tag für Tag nach den immer gleichen Vorgaben und beklagen uns über die Ungerechtigkeit der Welt. Durch Klagen allein hat sich aber in dieser Welt selten etwas geändert. Eher durch Bewusstwerdung, durch Erkennen und Erfühlen, ja, Erfühlen am eigenen Leibe, hat sich in dieser Welt bisher etwas geändert.

Erst, wenn das Erfühlen von Leid, von Schmerz unerträglich wurde, haben wir in unserem Leben etwas geändert. Je tiefer der Schmerz, je unerträglicher das Fühlen von altem Schmerz, desto eher sind wir bereit, etwas zu verändern. Dann wollen wir nur noch den Schmerz loswerden, und auf einmal ist es uns egal oder zumindest nicht mehr so wichtig, was andere von uns denken. Wenn der Schmerz überhand nimmt, sind wir bereit, uns zu öffnen für neue Möglichkeiten, für neue Wege, für ungewöhnliche Wege.

## 9. Sagen wir ja zu unseren Gaben und uns selbst!

Wie oft haben wir in unserem Leben gewartet, bis etwas unerträglich schien? Bis wir es schier nicht mehr ausgehalten haben in der betreffenden Situation? Wie oft haben wir gemeint, wir müssten uns nur noch ein bisschen mehr anstrengen, dann würden wir es schon schaffen?

Wie oft haben wir immer und immer wieder versucht, die Dinge „hinzukriegen", die sich unserem Wollen widersetzten? Wie oft haben wir uns selbst vergewaltigt oder uns vergewaltigen lassen, was im Endeffekt auf dasselbe hinausläuft.

Wie oft wollen wir das noch tun? Wie lange wollen wir noch mit ansehen, wie wir unser Leben verpassen, indem wir nicht die Dinge tun, die uns entsprechen, auf die Art und Weise, wie sie uns entsprechen? Wie lange wollen wir noch warten, während unser Leben dahingeht, ohne dass wir uns wirklich leben? Ohne dass wir Erfüllung finden in unserem Sein und unserem Tun? Ohne dass wir das Gefühl haben, „richtig" zu sein, genug zu sein? Wir quälen uns so oft durch unser Leben und wissen gar nicht mehr, was Freude ist, was Erfüllung ist. Wir folgen irgendwelchen Normen und Vorschriften, strampeln uns ab und kommen doch nicht von der Stelle, bis, ja bis unser Köper rebelliert. Dann wundern wir uns, lamentieren und sind doch auf eine seltsame Art und Weise froh, endlich eine Verschnaufpause zu erhalten, endlich aufhören zu können, durch unser Leben zu hasten, zumindest für eine kleine Weile. Und dann geht der Trott wieder los, mit all dem Hetzen und Jagen und der ständigen Unzufriedenheit auf so vielen Gebieten.

Sobald unser Körper aufhört, uns dringende Signale zu geben, machen wir mit unserer Jagd nach Anerkennung weiter. Unerbittlich. Bis unser Körper gänzlich streikt. Dann kommt die Frühpensionierung – und der völlige Absturz, was unseren Selbstwert betrifft. Und dann haben wir Zeit, so viel Zeit, nachzudenken, nach dem Sinn unseres Lebens zu fragen: Wollte ich das? Was hatte ich für Ideale? Ich wollte doch so vieles besser machen? Warum ist es mir nicht gelungen?

Ich habe mich zerreiben lassen vom System. Ich war mir selbst nicht wichtig genug.

Wie konnte ich das zulassen? Wie konnte ich mir das antun? Warum war ich so lieblos zu mir selbst?

Zuzgegeben, das ist der Extremfall. Doch wie oft kasteien wir uns für „nicht geschaffte Leistung“, statt uns anzuerkennen in dem, was wir tun? Wie oft beschimpfen wir uns innerlich, wieder etwas nicht „geschafft“ zu haben, wieder nicht das Soll erfüllt zu haben?

Hören wir endlich auf damit! Ein für allemal! Hören wir endlich auf, die „Fehler“ zu sehen, auf den „Schwächen“ herumzuhacken, das erniedrigt uns doch nur! Hören wir endlich auf, Maßstäbe anzulegen, die uns nicht entsprechen!

Fangen wir endlich an, zu sehen, was wir sind, nicht das, was wir nicht sind und niemals sein werden. Hören wir endlich auf, anders sein zu wollen, als wir sind. Fangen wir endlich an, uns für das anzuerkennen, was wir sind, was wir mit in dieses Leben gebracht haben. Fangen wir endlich an, uns an unseren Gaben zu erfreuen, statt die anderen um ihre Gaben zu beneiden. Erfreuen wir uns stattdessen auch an ihren Gaben, denn erst die Gesamtheit unserer Gaben bringt uns eine „bessere“ Welt, eine Welt der Anerkennung, der Anerkennung unserer selbst, der gegenseitigen Anerkennung. Fangen wir endlich an, uns so zu akzeptieren, wie wir sind, mit allem, was wir sind, mit *allem*, was wir sind. Wie können wir von anderen erwarten, dass sie uns anerkennen, wenn wir es selbst nicht tun? Wie können wir von anderen erhoffen, dass sie uns bedingungslos lieben, wenn wir selbst unzählige Bedingungen an die Liebe für uns selbst stellen? Fangen wir endlich an, uns als das zu sehen, was wir sind: wunderbare Wesen, ausgestattet mit so vielen wunderbaren Gaben, jeder Einzelne von uns. Und beginnen wir, anzunehmen, dass all unsere Gaben gebraucht werden in dieser Welt, auch wenn sie scheinbar „nichts wert“ sind. Warum sollten wir sie denn sonst mit in dieses Leben gebracht haben? Warum sollten wir diese Geschenke mit in dieses Leben gebracht haben? Wir haben unsere Gaben erhalten, um sie zu geben, uns selbst und der Welt zu geben, uneigennützig, einfach aus Freude am Geben, nicht, um Anerkennung und Ruhm zu erheischen. Die kommen ganz von selbst, wenn wir unser Potenzial aus uns selbst heraus leben, wenn wir endlich beginnen, uns an unseren Gaben zu erfreuen, statt sie zu verstecken und zu versuchen, mit einer irgendwie gearteten „Leistung“ den Mangel für unsere nicht gelebten Gaben kompensieren zu wollen. Fangen wir endlich an, uns selbst zu leben, „ja“ zu sagen zu uns selbst und unseren Gaben, „ja“ zu sagen zu dem, was wir sind, in dem tiefen Vertrauen, dass wir „richtig“ sind, wie wir sind. Fangen wir endlich an.

## 10. Entscheidung ist der erste Schritt

Lassen wir noch einmal zu, dass sich unsere tiefsten Wünsche zeigen, unsere wahre Herzensmotivation. Lassen wir uns noch einmal einen Augenblick ganz in Ruhe Zeit.

Nehmen wir noch einmal an, dass die Welt bereit ist, unsere Gaben anzunehmen, freudig anzunehmen, um zu dem werden zu können, was sie ihrer Bestimmung nach ist: ein Ort der Freude, der gegenseitigen Anerkennung, der Wertschätzung eines Jeden durch einen Jeden.

Lassen wir uns Zeit, uns dem zu öffnen, was in uns Zeit unseres Lebens zum Ausdruck kommen will. Lassen wir uns ein auf unser ureigenes Potenzial, auf unseren Schatz, um ihn der Welt geben zu können.

Und wie soll ich das machen? Mich auf meinen Schatz einlassen?

Zunächst einmal geht es darum, zu *entscheiden*, mich auf mich einzulassen, mich nicht mehr ständig zu verurteilen dafür, dass ich nicht genug „schaffe", dass ich den Anforderungen nicht „gerecht" werde, dass ich der Norm nicht entspreche. Es geht ganz einfach um die Entscheidung, dieses alte Spiel, das mir nur Schmerz und Unzufriedenheit gebracht hat, nicht mehr länger mitzuspielen. Denn mehr als ein Spiel ist es nicht. Wir haben Rollen übernommen in diesem Spiel des Lebens, und wir haben die Macht, diese Rollen zu verändern. Wir müssen uns nur dafür entscheiden. Der Rest ergibt sich sozusagen wie von selbst.

Das heißt, zunächst geht es erst einmal um eine Art Bestandsaufnahme: Wo hadere ich am meisten, wo fühle ich mich am unzufriedensten? Was entspricht mir am wenigsten?

Doch Vorsicht, es geht nicht darum, die Verantwortung für mein Gefühl auf andere abzuschieben.

Damit komme ich keinen Schritt weiter, damit gebe ich die Verantwortung für mein Leben weiterhin an andere ab und bleibe Opfer meiner Welt. Dann bin ich weiterhin in meiner alten wohlbekannten Rolle.

Es geht wirklich nur um Bestandsaufnahme, um das Sichten dessen, was ist.

Erst so können sich Schmerz und Verletzung zeigen, dürfen sie endlich sein, dürfen sie endlich einen Platz in unserem Leben haben und müssen nicht mehr ins Unbewusste abgeschoben werden, sondern können endlich gesehen werden. Allein das schon bewirkt Veränderung. Es nimmt den Druck, „funktionieren" zu müssen, und bewirkt damit Entspannung. Erst wenn alle unsere Gefühle einen Platz haben dürfen, sozusagen einen „öffentlichen" Platz, wenn sie nicht mehr ängstlich versteckt werden, können sie Mitgefühl erhalten von uns selbst. Und indem wir aufhören, uns zu kasteien für unsere „Fehler", für unsere „Unzulänglichkeiten", können wir beginnen zu spüren, was wir wirklich wollen.

Und je sicherer wir spüren, was wir wirklich wollen, umso klarer können wir das auch in unserem Leben umsetzen.

Das klingt zu utopisch? Nun, das mag so klingen, ist es aber nicht. Es ist die Realität unseres Lebens, dass wir das, was wir nicht haben wollen, immer wieder mit unseren Gedanken und Emotionen verstärken und es so immer wieder in unser Leben ziehen, bis wir Bewusstheit erlangen über das, was wir *wollen*. Erst wenn wir beginnen, das, was ist, zu akzeptieren, all unsere Gefühle, all unsere „Schwächen", können wir uns akzeptieren. Dann müssen wir nicht mehr unendlich viel „leisten", um Anerkennung im Außen zu erhalten.

Dann können wir mehr und mehr *sein*, ohne etwas „Wertvolles" vorweisen zu müssen, weil wir mehr und mehr in unserem Sein erfüllt und im Frieden mit uns selbst sind. Dann kann jeder Kampf aufhören, dann kann Frieden in uns einziehen, dann kann das Gefühl von Glück und Zufriedenheit in uns Einzug halten. Und dann können wir mehr und mehr spüren, aus uns selbst heraus, was wir wollen, was wir in uns tragen, was wir mit

Leichtigkeit und Freude in unserem Leben tun möchten, weil es *in uns ist*, nicht weil wir es uns mühsam erarbeiten müssen. Wie wollen wir mit Leichtigkeit und Begeisterung Dinge nach außen tragen, die nicht wirklich unsere sind? Wie wollen wir andere aus unserem Herzen überzeugen, dass es sich lohnt, bestimmte Dinge im Leben zu versuchen, wenn wir selbst nur frustriert sind? Fangen wir endlich an, unsere Begeisterung wieder zu entdecken, indem wir uns selbst begeistern, uns wieder beseelen mit unseren ureigenen Wünschen, mit unseren ureigenen Begabungen und Stärken. Lassen wir wieder zu, dass wir lebendig werden, mit all unserer Kraft und Größe, die wir in uns tragen, ein Jeder von uns. Lassen wir uns selbst wieder zu und erfahren wir die Freiheit des Seins in uns selbst und in der Welt.

# 11. Die Entfaltung unseres Potenzials von Augenblick zu Augenblick

Erinnern wir uns doch einmal, wie lebendig wir als Kinder waren, wie wir herumgetollt sind, uns an kleinen Dingen erfreut haben, wie wir im Augenblick präsent waren, statt mit den Gedanken in der Vergangenheit oder in der Zukunft zu verweilen. Vergegenwärtigen wir uns noch einmal, wie wir tief in uns wussten, ohne groß darüber nachdenken zu müssen, was als Nächstes anstand, was als Nächstes „zu machen" war, was wir als Nächstes tun wollten. Wir wussten immer, was als Nächstes für uns anstand. Und wenn wir nicht – vor allem durch Erwachsene – daran gehindert wurden, dann haben wir das getan, was wir aus uns selbst heraus tun wollten. Und das war manchmal einfach nur in der Sonne liegen, uns die Grashalme anschauen, uns die Welt aus einer neuen Perspektive betrachten, unsere Beine, Arme, unsere Füße mit allen Zehen einfach zu erkunden, sie einfach wahrzunehmen und bewusst, doch ohne Absicht, ohne festgelegtes Ziel, zu erkunden. Wie oft haben wir so für unser Leben Wichtiges entdeckt? Wie oft sind wir dabei uns selbst nähergekommen, auf eine Art und Weise, die wir als Erwachsene so oft verloren zu haben scheinen. Wie oft waren wir mit der Welt und uns selbst im Einklang, wenn wir einfach nur absichtslos *waren*, einfach in den Moment eintauchten und *waren*.

Wie oft gelingt uns das heute noch, ohne Programm, ohne „Zerstreuung"? Damals waren wir alles andere als zerstreut, wir waren präsent, im Augenblick, ganz bei uns, und doch in Verbindung mit allem.

Wann hat das aufgehört? Wann haben wir die Fähigkeit verloren, mit uns selbst im Augenblick zu verweilen, ganz im Einklang mit uns selbst und der Welt?

Manchmal, wenn wir sehr erschöpft sind, erfahren wir diesen Zustand für einen kurzen Augenblick wieder, doch da wir so erschöpft sind, driften wir schnell in ein völliges Abschlaffen ab, bevor wir uns wieder zur nächsten „Leistung“ antreiben.

Wie wollen wir uns da erholen von all dem Tun in unserem Leben, wenn wir uns nicht die Zeit gönnen, zu *sein*, ganz einfach zu sein, ohne Ansprüche, ohne Erwartungen, ohne etwas tun zu müssen? Wir haben vergessen, wie es sich anfühlt, zu sein, ohne Ziel, nur aus uns selbst heraus.

Wie wollen wir da inspiriert werden für Neues, Interessantes in unserem Leben, wenn wir immer nur *tun*? Wie wollen wir neue Kraft schöpfen, neue Freude finden in unserem Leben, wenn wir uns nicht *sein* lassen?

Schauen wir uns doch einmal Kinder an, die einfach sein dürfen, die nicht von einer Veranstaltung zur anderen gezerrt werden, um zu tun, um etwas zu lernen, um etwas zu erreichen.

Schauen wir uns Kinder an, denen Raum gegeben wird, zu *sein*, die Welt auf ihre Art und Weise zu erkunden, ohne dass festgefügte Erwartungen an sie herangetragen werden. Schauen wir und staunen wir, wie sie sich frei entwickeln, wie sie ein Gespür für sich selbst und ihre Fähigkeiten entwickeln, wie sie voller Lern- und Entdeckungsfreude das Leben für sich erobern mit der Neugier eines kleinen Kindes. Da gibt es so viel zu bestaunen, zu entdecken, zu erobern. Sehen wir uns an, wie diese Kinder mit sicherem Instinkt das auswählen, was im Moment für sie „dran“ ist, wie sie sich üben in Fertigkeiten, immer und immer wieder, mit einer tiefen Freude darüber, sich neues Terrain zu erschließen. Sehen wir, wie diese Kinder erblühen in ihrem ganzen Potenzial. So wie sich eine Pflanze entwickelt, ohne dass sie „erzogen“ wird, wie sie sich nach einem inneren Muster, einem ihr innewohnenden Plan entwickelt und sich zu einer wunderbaren Blüte entfaltet, so entfalten sich auch die Potenziale unserer Kinder, wenn wir sie nicht ständig stören, indem wir „helfend“ eingreifen, weil wir aufgrund unserer eigenen gestörten Entwicklung nicht das Vertrauen haben entwickeln können, dass unsere Kinder sich nach *ihrem* Plan entwickeln werden, wenn wir sie denn lassen. Wie viel Angst haben wir, dass sie nicht „genug“ lernen, dass sie nicht „genug“ erreichen, nur weil man uns suggeriert hat, dass wir etwas zu leisten haben, um richtig und wichtig zu sein.

Müssen wir denn so wichtig werden? Meinen wir nicht nur, wichtig sein zu müssen, weil man uns immer wieder zu verstehen gegeben hat, dass unser Sein nicht ausreicht? Weil man immer wieder Maßstäbe an uns herangetragen hat, die nicht unsere sind?

Wir sind wichtig, jeder von uns, ohne Ausnahme, denn jeder von uns trägt sein wunderbares Potenzial in sich, das es zu entwickeln gilt. Und nur mit allen Potenzialen, mit allen entwickelten und zum Ausdruck gebrachten Potenzialen kann diese Welt eine bessere werden.

# 12. Von der Unerträglichkeit des Lehrer-Alltags und dem Mut zur Veränderung

Wie lebt es sich mit dem Gefühl, nicht „genug“ zu sein, nicht „genug“ zu leisten, mit diesem ständigen Gefühl des Mangels?

Gerade Lehrer sind für dieses Gefühl besonders anfällig, da sie wie kaum jemand anderes „im System“ groß geworden sind, sozusagen in jeder ihrer Zellen imprägniert sind mit dem Anspruch, „gute Leistungen“ erbringen zu müssen, um anerkannt zu sein. Dazu kommt der diffus wahrgenommene und zum Teil stark verinnerlichte Anspruch, der „allwissende Lehrer“ sein zu müssen, um wirklich anerkannt zu werden, ja keine „Schwäche“, keine Wissenslücke offenbar werden zu lassen, um nicht in der jeweiligen Fachkompetenz in Frage gestellt zu werden.

Da kann es noch so offensichtlich sein, dass kein Mensch auch nur annähernd „alles“ in seinem Fachgebiet wissen kann, dass er hoffnungslos überfordert wäre, auch nur mit dem ständig neu zur Verfügung stehenden Wissen mitzuhalten. Das Gefühl des Mangels bleibt, das Gefühl der Unzulänglichkeit bohrt, tief im Inneren.

Da probiert Kollege X eine neue Methode aus, verwendet neue, aktuellere Materialien und hat vermutlich mehr Erfolg bei den Schülern. Schon sitzt die Angst, nicht zu genügen, fest im Genick.

Gleichzeitig sitzt der Zeitdruck im Nacken: Dies und das noch vorbereiten, das noch lesen, diese Konferenz noch absolvieren, jenes Elterngespräch vorbereiten, den Elternabend nicht zu vergessen. Diese oder jene Materialien noch bestellen bzw. abholen, das Problem in Klasse Y mit den entsprechenden Kollegen besprechen, und dann diese endlosen Berge von Korrekturen, die immer wieder neu anschwellen und nie ein Ende zu nehmen scheinen.

Dazu kommt vielleicht der seit langem schwelende Streit mit Kollege Z, der Machtkampf mit dem Schulleiter, der stets mit neuen Ideen kommt, ohne überhaupt zu fragen, ob man die gleichen Dinge für sinnvoll hält oder nicht.

Kaum ein Lehrer ist in der Lage, einen Moment innezuhalten, um wirklich tief in sich spüren zu können: Entspricht mir das oder nicht? Gehe ich damit in Resonanz oder wehrt sich alles in mir dagegen? Warum zeigt sich Widerstand? Ist es Widerstand gegen die Sache oder ist es ein Widerstand auf der persönlichen Ebene, weil der Kerl mich schon seit langem nervt, da er meine Bedürfnisse immer und immer wieder übergeht, mich überhaupt nicht wahrnimmt.

Und wenn dann der Pausenton erklingt, hetzt jeder in den nächsten Klassenraum, mit all den Gefühlen, die im Inneren schwelen oder toben, je nach Person und persönlicher Gefühlslage.

Das ist nicht gewaltfrei! Das ist Unterdrückung elementarer Bedürfnisse auf der ganzen Linie!

Das ist immer neue Vergewaltigung mit den entsprechenden Gefühlen der Ohnmacht, des Ausgeliefertseins, des nicht Gesehen-werdens, des sich nicht Wert-genug-fühlens. Und das macht krank!

Der Körper rebelliert, zu Recht! Er zeigt immer deutlicher, immer dringlicher, dass hier etwas schief läuft, dass hier eine Veränderung dringend notwendig ist, im wahrsten Sinne des Wortes Not-wendend ist.

Doch wie? Fragen wir anders herum. Wie soll ein Lehrer wirklich guten Unterricht machen, aus dem Herzen, wenn er so wie eben geschildert in die Klasse kommt? Wie soll er die Bedürfnisse seiner Schüler wahrnehmen, wenn er seine eigenen ständig in so extremer Weise missachtet? Wenn er sich herumstoßen, kritisieren und mit Arbeit und Ansprüchen überlasten lässt?

Sicher, nicht jedem Lehrer geht es so und nicht jeden Tag. Doch die Grundtendenz lässt sich bei sehr, sehr vielen Lehrern beobachten, unabhängig von der Schulstufe: die Grundtendenz, immer mehr leisten zu müssen, und die ständig wachsende innere Verweigerung, der ständig wachsende innere Unmut. Eine Zeitlang zeigt sich der innere Konflikt, die ständige Überforderung in unfreundlichem Verhalten, in kurz angebundenen Antworten, wachsendem Desinteresse und abwehrendem Verhalten.

Da die Überforderung aber nicht oder nur selten eingestanden werden kann, ohne das Selbstbildnis des „allwissenden Lehrers“ in Frage zu stellen, wirkt sie sehr subtil, doch sehr effektiv im Untergrund.

Kaum ein Lehrer hat den Mut, aufzustehen und die Dinge beim Namen zu nennen, wirklich Konsequenzen zu ziehen und die Dinge für sich zu verändern. Niemand zwingt den Einzelnen, die Dinge weiter so hinzunehmen wie bisher. Niemand zwingt ihn, so weiterzumachen wie bisher. Immer ist eine Veränderung möglich, immer sind neue Entscheidungen möglich, etwas im Leben zu verändern. Immer und immer wieder ist es möglich, aufzustehen und „nein“ zu sagen zu Bedingungen, die ein effektives Arbeiten erschweren oder gar unmöglich machen.

Zugegeben, dazu braucht es Mut, vor allem den Mut, sich den eigenen Ängsten zu stellen.

# 13. Ein Beispiel

Angenommen, ein Lehrer hätte den Mut. Angenommen, er erkennt bei genauerem Hinsehen oder besser Hin*fühlen*, in welcher extremen Form er sich ständig unter Druck setzt, wie er in vielen Bereichen in die Vermeidung und die Abwehr gegangen ist und wie dabei seine Freude und seine Begeisterung auf der Strecke geblieben sind.

Angenommen, er erkennt, dass eine Veränderung für ihn dringend und zwingend erforderlich ist, da er sich selbst und sein Gefühle ernst nimmt und sich selbst in einer gesunden Art und Weise wichtig nimmt.

Was kann er tun?

Er kann ganz einfach *sagen*, was er fühlt, was er wahrnimmt. Er kann es einfach benennen, wie er sich fühlt, wie er in sich spürt, dass er seine Freude und Begeisterung verloren hat, ohne darüber zu jammern, sondern er kann es einfach, zum Beispiel in einer Konferenz, allen mitteilen – trotz seiner Angst, dafür verurteilt zu werden. Sich die Überforderung einzugestehen, ist ein erster Schritt, sie anzuerkennen und etwas zu verändern. Denn die Tatsache, überfordert zu sein, muss ja nicht unbedingt heißen, dass mit dem betreffenden Lehrer etwas nicht stimmt, sondern dass die Bedingungen für diesen Lehrer nicht stimmen.

Und erst wenn die Dinge erkannt und benannt sind, können sie verändert werden. Das ist ein erster Schritt. Weitere können folgen. Denn wie so häufig, wird es nicht nur ein Lehrer in einem Kollegium sein, der spürt, dass seine Freude und Begeisterung schwinden oder bereits geschwunden sind, sondern die Offenheit und der Mut eines Kollegen werden vermutlich andere Kollegen ermutigen, ihrerseits den Mut zu finden, sich die Dinge, die sie schon lange stören oder belasten, selbst einzugestehen und sie zu benennen. Und plötzlich stehen nicht isolierte Einzelne mit ihrem Problem allein da, sondern es formiert sich eine Interessengemeinschaft, die viel eher in der Lage ist, Veränderungen herbeizuführen. Es braucht nur den Mut, die Dinge zu sehen, wie sie sind, nichts mehr zu beschönigen, keine Fassaden mehr zu stützen, sondern sie endlich einzureißen und sich so zu zeigen, wie man ist: menschlich, mit Fehlern und Schwächen, mit Stärken und Begabungen, mit Ängsten und Hoffnungen und mit dem Ziel, gute und erfolgreiche Arbeit zu leisten, Arbeit, die Spaß macht und Befriedigung bringt, für sich selbst und für die Gemeinschaft.

Das klingt zu utopisch? Das ist es aber nicht. Stellen wir uns noch einmal vor, wir hätten alle unsere Glaubenssätze hinter uns gelassen, wir würden angstfrei allen unseren Impulsen folgen, dann hätten wir längst bessere Arbeitsbedingungen und die Schüler hätten ganz andere Lernbedingungen.

Wir können darauf warten, dass sich die Verhältnisse von selbst ändern, aber da können wir lange warten. Wir alle sind in erster Linie für uns selbst verantwortlich, für unser Wohlergehen, für unsere Freude, für unsere Begeisterung, für all unsere Gefühle, für unser ganzes Lebensgefühl. Niemand anderes ist dafür verantwortlich, nur wir selbst. Wir kreieren unser Leben jeden Tag neu, je nachdem, wie wir uns ausrichten. Richten wir uns auf den Mangel aus, werden wir den Mangel erfahren. Richten wir uns auf die Fülle aus, werden wir Erfüllung in unserem Leben erfahren. Die Entscheidung, worauf wir uns ausrichten, liegt bei uns, nur bei uns. So unbequem das auch zunächst erscheinen mag, so wunderbar ist es auch. Denn wenn wir die ganze Verantwortung für unser Leben haben, sind wir es auch, die bestimmen, wo es lang geht. Wir bestimmen die Richtung, indem wir die volle Verantwortung für unser Wohlergehen übernehmen, und werden frei von jedweder Abhängigkeit, so unwahrscheinlich das auch in manchen Situationen zu klingen scheint. Niemand kann uns zu irgendetwas zwingen, nichts und niemand. Wir haben immer die Wahl „nein“ zu sagen, auch wenn das manchmal „unangenehme“ Konsequenzen haben mag.

Wenn wir aber davon ausgehen, dass wir uns vor dem Eintritt in dieses Leben bereits einen Lebensplan zusammengestellt haben, um bestimmte Erfahrungen zu machen, um bestimmte Lernschritte zu vollziehen in unserem Leben, kann es ja auch immer wieder darum gehen, uns noch ein Stück mehr der Eigenverantwortung zu stellen. Immer wieder bringt uns unsere Seele in Situationen, in denen wir gemäß unserem Lebensplan den nächsten Schritt vollziehen können. Wenn wir uns immer wieder entscheiden, diesen Schritt nicht zu machen, dann ist das in dem Moment unsere Entscheidung und mehr nicht. Unsere Entscheidungen haben aber Konsequenzen für unser Wohlergehen. Und wenn unsere Seele uns immer wieder daran erinnert, dass wir uns für dieses Leben bestimmte Lernschritte gewählt hatten, werden die Situationen, in denen wir diese Lernschritte vollziehen können, immer dringlicher und damit in gewissem Sinne immer „leichter" werden, weil sie uns den nächsten Lernschritt immer passgenauer vor die Füße legen. So wird es für uns immer leichter bzw. immer dringlicher, den entsprechenden Schritt zu gehen. Und indem wir unsere Schritte gehen, erleichtern wir anderen ihre eigenen anstehenden Schritte.

## 14. Vorleben, dass es sich lohnt, zu sich selbst zu stehen

Und so geht es immer und immer wieder darum, in die Eigenverantwortung zu gehen und sie anzunehmen, immer wieder. Sie immer wieder anzunehmen und sich nicht mehr zum Opfer dieser Welt zu machen. Wir sind nicht einfach Opfer, weil „die Dinge so sind". Wir machen uns zum Opfer, wenn wir unsere Eigenverantwortung nicht übernehmen wollen, aus lauter Angst, sie nicht tragen zu können. Wir meinen, wir hätten gar nicht die Kraft, weil man uns immer wieder Verantwortungen aufgebürdet hat, die nicht unsere waren. Schon als Kinder, als kleine Kinder, haben wir zum Teil die Verantwortung für das Wohlergehen unserer Eltern übernommen, bestimmte Dinge nicht zu tun oder zu sagen gewagt, weil wir ihnen nicht wehtun wollten, weil wir sie – aus welchen Gründen auch immer – nicht belasten wollten. Das war eine Verantwortung, der wir gar nicht gerecht werden konnten, eine Verantwortung, die wir übernommen haben, weil wir anderen helfen wollten, die sich selbst nicht helfen konnten oder wollten.

Wir können aber nun mal nicht die Verantwortung für andere übernehmen, wir können nur Verantwortung für uns selbst übernehmen, für unser Wohlergehen und für unser Leid. Aber wir müssen nicht leiden, wir müssen uns nicht abrackern. Wenn wir das tun, folgen wir alten Glaubenssätzen, die uns suggerieren, dass wir nur in Ordnung sind, wenn wir dies oder das leisten.

Halten wir doch endlich einmal inne und fühlen die Wahrheit in uns:

Wir haben viel zu geben, wir können viel leisten, aber das muss nicht mit harter Arbeit und Selbstverleumdung gleichgesetzt werden. Im Gegenteil, je mehr wir zu uns und unseren

Fähigkeiten, zu unseren Erkenntnissen, aber vor allem zu unserem Fühlen stehen, desto mehr kann sich unser wahres Potenzial zeigen. Es geht nicht mehr darum, brave Kinder zu sein, die die ihnen aufgetragenen Aufgaben ohne Murren erfüllen, schon gar nicht, wenn diese Aufgaben nicht sinnvoll zu sein scheinen. Es geht darum, mehr denn je, zu fühlen, zu erspüren, was uns entspricht, und dazu zu stehen. Wollen wir wirklich so lange warten, bis unser Körper uns unübersehbare Signale gibt? Wollen wir uns das wirklich antun? Wie viele Lehrer haben sich im wahrsten Sinne des Wortes schon zu Tode gearbeitet, wenn nicht bis zum physischen Tod, dann doch bis zu einem inneren Tod, bis jede Begeisterung und Freude erloschen waren.

Das kann doch nicht der Sinn des Lebens sein! Das kann doch nicht die Erfüllung einer Berufung sein, Kindern Wissen zu vermitteln, sie vorzubereiten für ihr Leben in der Gemeinschaft.

Prüfen wir immer wieder, ob wir zu uns stehen, ob wir unserem Gefühl folgen, oder ob wir blind Vorgaben erfüllen, die uns das Leben zur Hölle machen und uns von dem wegbringen, was eigentlich unsere Aufgabe ist: für die Kinder dazusein, sie zu ermutigen, sie zu fördern, nicht sie unter Druck zu setzen.

Wir haben doch zur Genüge am eigenen Leibe erfahren, wie wir uns fühlen und wie wir reagieren, wenn wir uns in unserem Sein nicht gesehen fühlen. Wir wissen doch, wie wir uns innerlich verabschieden, um uns zu schützen vor allzu großen Anforderungen.

Die Kinder machen es doch ebenso, unbewusst schützen sie sich, unbewusst ziehen sie sich zurück, bis nichts oder fast nichts mehr übrigbleibt von dem wunderbaren Potenzial, das sie mit in dieses Leben gebracht haben. Wenn wir sie immer noch mehr antreiben zu noch mehr Leistung und ihnen damit suggerieren, dass sie so, wie sie sind, nicht in Ordnung sind, dass sie „zu blöd" sind, um die „einfachsten" Aufgaben zu lösen, werden wir genau das erreichen, was wir den Kindern immer vermitteln. Sie werden immer begriffsstutziger, weil ihr innerer Schutzmechanismus einsetzt. Ihre Seele weiß, wie gesagt, welche Potenziale und welche Lernaufgaben sie hier verwirklichen wollen. Damit sie aber nicht völlig ramponiert aus ihrer Schulzeit kommen, müssen sie sich schützen vor all den Dingen, die nicht die ihren sind.

Geben wir ihnen wieder Raum, die zu sein, die sie sind. Ermutigen wir sie, zu sich selbst zu stehen, sich nicht suggerieren zu lassen, dass sie nicht richtig sind. Erinnern wir sie daran, dass jeder Mensch besondere Begabungen mit in dieses Leben bringt, dass auch ihre Gaben wertvoll und wichtig sind, auch wenn wir sie noch nicht erkannt haben. Machen wir ihnen Mut, Vertrauen in sich selbst zu haben, in ihren individuellen Lebensweg. Ermutigen wir sie in ihrem Sein, immer wieder. Leben wir es ihnen vor, dass es sich lohnt, zu sich selbst zu stehen, leben wir ihnen vor, wie erfüllt das Leben sein kann, wenn wir ganz und gar zu uns stehen. Leben wir ihnen vor, wie es sich anfühlen kann, seine Bestimmung zu leben, „ja“ zu sagen zu sich selbst. Leben wir ihnen vor, was es bedeutet, zu *sein*, aus sich selbst heraus und in Verbindung mit dem großen Ganzen. Leben wir ihnen vor, dass es sich lohnt zu leben, dass das Leben Freude ist, Begeisterung, Beseelt-sein vom Leben und seiner Schönheit. Leben wir es ihnen vor, sie warten so sehr darauf.

# 15. Authentisch sein

Und lassen wir uns nicht entmutigen von Besserwissern. Lassen wir uns nicht entmutigen von Übereifrigen, die ihre Aufgaben stets zur vollen Zufriedenheit aller erledigen und dabei doch so unzufrieden bleiben wie eh und je. Wie sollen sie auch zufrieden sein, wie sollen sie im Frieden mit sich selbst sein, wenn sie sich selbst nicht anerkennen für ihre Leistung und ihr Sein? Wenn sie immer nur versuchen, Anerkennung im Außen zu erhaschen, indem sie alles, was man von ihnen verlangt, in vorauseilendem Gehorsam erfüllen?

Prüfen wir, wo wir uns ähnlich verhalten, um nicht als unfähig dazustehen, um uns nur nicht zu blamieren. Prüfen wir ehrlich, wo wir uns als wissend darstellen, obwohl wir keinen blassen Schimmer haben. Prüfen wir immer wieder ehrlich, ob wir authentisch sind. Leben wir das, was wir fühlen, was wir sind? Oder geben wir etwas vor, was nicht der Wahrheit entspricht? Wo spielen wir Theater, um nur ja unsere Angst, unser „Unvermögen" zu kaschieren?

Hören wir doch endlich auf mit dem Theater! Übernehmen wir doch endlich eine Rolle, die uns entspricht. Überwinden wir unsere Angst, wie es dann „weitergeht". Vertrauen wir immer mehr unserem Lebensplan, vertrauen wir immer mehr den Einflüsterungen unserer Seele und folgen wir ihr. Und lassen wir uns überraschen, wie viel leichter das Leben werden kann, wenn wir beginnen, zu uns selbst zu stehen. Überlegen wir uns doch einmal, wie viel weniger Kraft es erfordert, keine Rolle mehr spielen zu müssen, die uns nicht entspricht. Wir glauben gar nicht, wie anstrengend es ist, etwas vortäuschen zu müssen, was man nicht ist, wie viel Stress es für unseren Körper bedeutet, wenn wir nicht ehrlich mit uns selbst sind.

Unser Körper kann nicht unehrlich sein, unser Freund Körper weist uns immer wieder, erst sanft, doch dann immer unnachgiebiger darauf hin, dass wir nicht ehrlich mit uns selbst sind.

Sehen wir uns doch nur einmal die Körpersprache unserer Mitmenschen an. Da können wir sehen, wie der Kopf und der Körper oft ganz verschiedene Sprachen sprechen.

Und Kinder haben noch ein ganz besonders feines Gespür für die Authentizität einer Person. Sie erkennen sehr schnell eine Diskrepanz zwischen Wort und Tat, zwischen dem, was wir sagen, und dem, was wir fühlen oder wirklich denken. Kinder spüren sofort, ob sie dem, was ein Lehrer ihnen sagt, vertrauen können oder nicht.

Und wenn sie spüren, dass sie ihm Vertrauen schenken können, können sie sich öffnen, können sie Schutzwälle fallen lassen und ihr Potenzial frei entfalten. Dann kann Lernen plötzlich in einem Tempo geschehen, das niemand erwartet hat.

Geben wir ihnen die Chance, sich zu öffnen, geben wir ihnen das Signal, dass sie uns vertrauen können, dass wir ehrlich mit uns selbst und mit ihnen sind. Geben wir ihnen die Chance, sich wenigstens bei einigen Erwachsenen entspannen zu können, wieder Vertrauen schöpfen zu können, dass es sich lohnt, keine Rolle zu spielen, dass es sich lohnt, ehrlich und offen mit sich selbst zu sein, dass es sich lohnt, ganz und gar sie selbst zu sein.

Das ist es, was Kinder am meisten brauchen. Das ist es, was ihnen Mut macht, in dieser Welt der endlosen Anforderungen zu bestehen, das ist es, was sie ermutigt, in unserer Schulwelt nicht ganz und gar aufzugeben, sondern wieder in sich hineinzuhorchen, der eigenen inneren Stimme wieder mehr zu vertrauen.

Es braucht Lehrer, die den Mut haben, zu sich selbst zu stehen und genau dies den Kindern vorzuleben. Kinder lernen am meisten durch Nachahmung. Das Beispiel der Erwachsenen ist es, was sie selbst ausprobieren und in sehr vielen Fällen übernehmen werden, vor allem, wenn wir sie dazu erzogen haben, zu „funktionieren".

Erst wenn wir ihnen vorleben, dass wir es wert sind, zu uns selbst zu stehen, dass wir alle etwas Wertvolles in uns tragen, dass wir etwas Wertvolles zu geben haben, unabhängig von der Herkunft und vom Bildungsgrad, haben sie die Chance, ihr eigenes Potenzial zu entwickeln.

Und wir brauchen die Potenziale unserer Kinder! Wir können es uns nicht leisten, die wunderbaren Potenziale unserer Kinder zu verschleudern, bis sie dumpfbackig nur noch dem „Mainstream" folgen. Wir brauchen Individuen, die ihr Potenzial leben, die zu sich und ihren Ideen stehen, die in der Lage sind, konstruktiv an der Veränderung unserer Gesellschaft und der Lösung all unserer Problem mitzuarbeiten, und nicht nur die Lösung von außen erwarten.

Wir können es uns nicht leisten, Kinder weiter zu verdummen, Kinder, die mit wunderbaren neuen Gaben auf diesen Planeten gekommen sind, um diese Welt ins Licht zu gebären.

Beginnen wir, dankbar zu sein für all diese „schwierigen" Kinder, die in kein System zu passen scheinen, die alle bisherigen Maßstäbe sprengen, die sich nicht einordnen lassen. Sie wissen, welche Aufgaben sie mitgebracht haben, sie haben mehr und mehr den Mut, sich unsinnigen Vorgaben zu widersetzen. Erleichtern wir ihnen ihren Weg und ihre Aufgaben, indem wir beginnen, zu uns selbst zu stehen. Wir können die Entwicklung nicht aufhalten, wir können sie nur unterstützen und das Leben für uns selbst angenehmer und erfüllter gestalten.

Fangen wir endlich an, das zu verstehen und danach zu handeln.

## 16. Geben wir uns die Zeit, Lösungen *geschehen* zu lassen

Nehmen wir uns doch endlich einmal Zeit für uns selbst! Nehmen wir uns endlich einmal Zeit, ohne gleich wieder anzunehmen, das sei egoistisch. Nehmen wir uns endlich einmal Zeit, zu *sein*, nicht, um schon wieder etwas zu tun. Nehmen wir uns Zeit zu *sein*, wenigstens ein paar Minuten, vielleicht sogar ein paar Minuten pro Tag, möglichst zu einer festgesetzten Zeit. Nehmen wir uns Zeit, uns zu spüren, unsere Gedanken driften zu lassen, und erfahren wir, dass sich in diesen stillen Momenten des Seins ganz plötzlich, wie von selbst, Lösungen zeigen, neue Ansätze zeigen, die wir mit noch so viel Denken niemals gefunden hätten.

Geben wir uns die Zeit, Lösungen geschehen zu lassen, so unwahrscheinlich das für unseren Kopf auch klingt. Geben wir uns die Zeit, in Verbindung zu treten mit der Quelle der Weisheit, die uns allen innewohnt. Lassen wir uns sein, und lassen wir geschehen, wenigstens einige Augenblicke lang am Tag. Und wir werden staunen, wie sich Dinge immer mehr ganz leicht ergeben. Hören wir mit unserem Wollen auf, dem Lösungen-finden-wollen, hören wir auf, uns zu verrennen, uns anzutreiben, uns unter Druck zu setzen. Geben wir uns die Zeit, zu sein, und das Unwahrscheinliche wird eintreten: Wir werden mehr Zeit haben, da wir uns nicht unentwegt den Kopf zerbrechen, da wir uns nicht ständig mit unserer inneren Hetze selbst blockieren, da wir der uns innewohnenden Kreativität wieder Raum geben.

So können sich ganz neue Lösungen ergeben, manchmal ganz einfache, geniale Lösungen, die dem Kopf niemals gekommen wären. Lassen wir uns Zeit, um mehr Zeit zu gewinnen.

Und je mehr Zeit wir uns gönnen, desto mehr werden wir feststellen, dass wir die Dinge gar nicht aus uns selbst heraus

„schaffen“ müssen. Je mehr Zeit wir uns geben, desto mehr werden wir erstaunt feststellen, dass sich die Dinge oft ganz von selbst regeln, wenn wir einen Schritt zurücktreten, statt uns an einem Problem zu verbeißen. Je mehr wir innerlich zurücktreten, uns befreien von dem ständigen Anspruch an uns selbst, desto freier werden wir für neue Ideen, desto offener werden wir für neue Ansätze, für ganz neue Konzepte, die sich uns plötzlich offenbaren.

Wie wollen wir neue Konzepte *erdenken*, wenn wir ständig in unserem Kopf beschäftigt sind?

Erst wenn wir zur Ruhe kommen, können neue Konzepte sich sozusagen dazwischenschieben zwischen all die tausend Gedanken, die wir täglich denken. Erst wenn wir zur Ruhe kommen, hat unsere Seele ein Chance, uns zu erinnern an all das, was wir uns vorgenommen hatten, an all das Wissen, das wir mit in dieses Leben gebracht haben. Und dieses Wissen ist nicht in unserem Kopf gespeichert. Es ist sozusagen in unserem Herzen gespeichert. Das heißt, erst wenn wir mit dem Geplapper in unserem Kopf aufhören, kann sich die Weisheit unseres Herzens wieder in uns melden, kann sie von uns gehört und wahrgenommen werden.

Lassen wir uns endlich wieder Zeit, lassen wir uns endlich wieder den Raum, den wir für unsere körperliche und seelische Gesundheit brauchen.

Und lassen wir auch den Kindern die Zeit und den Raum, die sie brauchen, um sich gemäß ihres Seelenplanes zu entwickeln, machen wir sie nicht krank mit all den Ansprüchen, die wir selbst ungeprüft übernommen haben. Lassen wir ihnen Zeit, sich in Ruhe zu entwickeln, gemäß ihrer Zeit. Bereiten wir ihnen ein fruchtbares Umfeld, damit der Same ihrer Begabung Fuß fassen kann in unserer Welt, damit er wachsen und gedeihen und zu seiner vollen Blüte kommen kann. Ziehen wir nicht ständig an ihnen herum, bis sie ganz zerzaust sind, bis wir sie so geschädigt haben, dass sie keine Kraft mehr haben zu erblühen, bis sie nur noch ein trauriges Dasein fristen, weil sie ihre Bestimmung nicht haben leben können.

Tun wir ihnen das nicht an. Beginnen wir, für uns selbst zu sorgen, in dem Wissen, dass wir dann auch besser für andere sorgen können, dass wir sogar selbstverständlich ein viel besseres Gespür dafür entwickeln können, wie viel Zeit und Raum unsere Kinder brauchen, um sich gesund entwickeln zu können. Und je mehr wir es uns zur Gewohnheit gemacht haben, gut für uns selbst zu sorgen, desto selbstverständlicher wird es für uns, uns unsinnigen Vorgaben zu widersetzen, unser Wohl und das Wohl der uns anvertrauten Kinder nicht aus den Augen zu verlieren. Geben wir uns immer wieder Zeit, um erspüren zu können, was für uns ansteht, was am dringlichsten ist, wo wir unsere kostbare Zeit und Kraft am sinnvollsten einsetzen können. Und stehen wir zu unserem Gefühl, zu unserer Erkenntnis. Werden wir zu Advokaten der Kinder, in dem wir uns endlich erlauben, gut für uns selbst zu sorgen.

Erst wenn wir wieder in der Lage sind, ganz und gar zu uns zu stehen, ganz und gar unserem Herzen wieder zu vertrauen, wird sich unser Leben grundsätzlich ändern, wird der Druck in unserem Leben nachlassen, der Druck, etwas zu tun, was uns nicht entspricht. Wie viel leichter und angenehmer wird dann unser Leben sein, wie viel leichter und fröhlicher werden wir uns fühlen. Und um wie vieles leichter und unbeschwerter werden sich die Kinder fühlen, wenn sie von Erwachsenen begleitet werden, die ihnen vorleben, dass es selbstverständlich ist, gut für sich zu sorgen, den eigenen Impulsen zu vertrauen, sich von der inneren Stimme leiten zu lassen, sich unterstützen zu lassen vom großen Ganzen, im Einklang mit sich selbst und dem großen Ganzen zu leben.

# 17. Öffnen wir unser Herz bewusst für uns selbst

Nehmen wir noch einmal an, wir hätten es schon geschafft, uns nicht mehr zu verstecken hinter unserer Fassade. Nehmen wir an, wir könnten stets zu uns und unseren Gefühlen stehen, wir würden sie nicht mehr verleugnen, unsere Angst, nicht zu genügen, unsere Angst, nicht genug zu wissen, unsere Angst, all das, was „man" von uns erwartet, nicht schaffen zu können. Nehmen wir an, wir hätten die große Angst, die hinter oder besser vor all dem steht, bereits überwunden, die Angst, nicht geliebt und geachtet zu werden.

Diese Angst ist die Hauptursache für alle unsere anderen Ängste, diese Angst stammt aus unserer Kindheit, aus unserer Jugendzeit, aus der Zeit, in der wir immer wieder das Gefühl hatten, den Anforderungen nicht genügen zu können, die man an uns gestellt hat. Wer hat denn schon erfahren, dass seine Gaben und Talente geschätzt wurden, dass sie anerkannt wurden als „genug", als „ausreichend", als ausreichend, um bedingungslos geliebt und geachtet zu werden? Niemand von uns hat das uneingeschränkt erfahren. Niemand hat die Erfahrung gemacht, uneingeschränkt, bedingungslos geliebt und geachtet zu werden um unserer selbst willen, so wie wir *waren*.

Nehmen wir also an, wir hätten diese große Angst überwunden, wir könnten wirklich sein, wie wir sind, unschuldig, rein, ohne Schuldgefühle, ohne Gefühle des Mangels. Wie könnten wir die Welt sehen? Wie würden wir unsere Mitmenschen sehen, wenn wir selbst unsere Angst überwunden hätten?

Wir würden plötzlich all *ihre* Angst sehen, wir würden sehen, dass sie mit jedem Angriff versuchen, sich zu schützen, dass sie mit jeder Aggression versuchen, verzweifelt versuchen, von ihrer „Schuld" abzulenken, sie auf andere zu lenken, um nicht im Fokus ihrer eigenen Anklage zu stehen. Sie versuchen verzweifelt, sich selbst zu überzeugen, dass sie „nicht schuldig" sind, denn da sie nicht an ihre eigene Unschuld glauben, meinen sie, andere beschuldigen, verurteilen zu müssen, um selbst nicht so katastrophal dazustehen. Sie haben solche Angst, nicht gesehen zu werden, nicht anerkannt zu werden, verurteilt zu werden! Sie haben solche Angst, nicht geliebt zu werden, bestraft zu werden für ihr „Unvermögen"!

Und dabei sehen sie nicht, dass so viel Liebe darauf wartet, von ihnen angenommen zu werden, allem voran die Liebe ihres eigenen Herzens. Doch auch die Liebe und Anerkennung ihrer Mitmenschen warten darauf, geduldig, von ihnen gesehen und angenommen zu werden. Es braucht nur ihre Entscheidung, es braucht nur die Entscheidung, sich zu öffnen für die Liebe in uns und um uns herum. Es braucht nur die Entscheidung, das eigene Herz zu öffnen für sich selbst, zu erkennen, dass wir immer versorgt sind aus der Quelle in uns, immer, zu jeder Sekunde unseres Seins.

Die Lösung ist so einfach und doch so schwer anzunehmen. Unsere eigenen Glaubenssätze hindern uns immer wieder daran, zu glauben, dass es so einfach sein könnte. Wir können einfach nicht glauben, dass wir bedingungslos geliebt und geachtet sind. Wir können nicht glauben, dass wir selbst Liebe sind, dass wir aus Liebe bestehen, dass unser eigenes Herz so viel Liebe enthält, dass es alles in uns heilen kann. Denn unser Herz verurteilt nicht, das tut nur unser Verstand, der einteilt in gut und schlecht, in richtig und falsch. Das Herz nimmt an, was ist, es nimmt einfach an, es lässt sein, es wertet nicht, es liebt. Und damit kann es alles heilen, alles, was für die Liebe unseres Herzens offen ist.

Öffnen wir unser Herz immer wieder ganz bewusst für uns selbst, öffnen wir es ganz bewusst, immer wieder, bis es uns zur Selbstverständlichkeit geworden ist, mit einem offenen Herzen zu leben. Und lassen wir uns überraschen, wie sich unser Leben verändert, wenn wir uns entscheiden, unser Herz immer wieder ganz bewusst für uns selbst zu öffnen, für all unsere Aspekte, die

„guten“ wie die „schlechten“. Lassen wir uns überraschen, wie sich die Dinge unseres Lebens immer leichter gestalten, wie wir immer unabhängiger werden von der Liebe und Anerkennung im Außen, und wie als Folge unserer Herzöffnung für uns selbst immer mehr Liebe und Anerkennung den Weg zu uns finden können, in unser geöffnetes Herz.

Solange wir unser Herz nicht geöffnet haben für die Liebe, solange können wir im Außen überschüttet werden mit Liebe und Anerkennung, sie werden nicht zu uns durchdringen können, niemals, sie werden niemals in uns das *Gefühl* erzeugen können, geliebt und geachtet zu sein, solange wir es nicht in uns selbst fühlen können, da wir aus lauter Angst vor Ablehnung und Verurteilung unser Herz fest verschlossen haben. Daher öffnen wir unser Herz immer wieder und lassen wir all die Wunder in unserem Leben zu, öffnen wir uns für neue Möglichkeiten, für neue, wunderbare Möglichkeiten, immer wieder, jeden Tag neu. Es ist nie zu spät.

## 18. Die „Wirklichkeit“ ist *unsere* Wirklichkeit – erkennen wir das und verändern sie

Nehmen wir also noch einmal an, wir hätten all unsere Ängste überwunden, wir könnten einfach *sein*, jede Sekunde unseres Lebens, wir könnten einfach mit unserer ganzen Aufmerksamkeit im Augenblick verweilen bei dem, was ist, ohne Wertung, ohne Abwehr.

Wie würden unsere Mitmenschen darauf reagieren? Wie würden sie uns behandeln?

Wenn wir keine Angst mehr vor ihnen und ihrem Verhalten, ihren Abwertungen und Verurteilungen mehr hätten, weil wir aufgehört hätten, uns selbst ständig zu verurteilen, bräuchten wir uns nicht mehr vor ihnen zu „schützen“. Wir könnten einfach mit ihnen *sein.* Und da wir keine Erwartungen mehr an sie hätten, weder „negative“ noch „positive“, könnten sie einfach *sein.* Und indem sie einfach *sein* könnten, könnte sich ihr Potenzial frei entfalten.

All ihre Begabungen, Talente, ihre Neigungen, ihre Ideen, ihre Neugier, all ihre Impulse könnten einfach *sein.*

Das heißt nun nicht, dass es nicht auch Regeln geben müsste, die das Zusammenleben erleichtern. Wenn aber alle einfach *sein* könnten, in dem Wissen, dass sie so, wie sie sind, „in Ordnung“ sind, wenn sie ganz einfach davon ausgehen könnten, ganz selbstverständlich, dass niemand etwas von ihnen erwartet, ob sie es nun erfüllen könnten oder nicht, wären sie ohne jede Schwierigkeit in der Lage, gemeinsam Regeln zu finden, die die Belange aller mehr oder weniger berücksichtigen. Denn da niemand Angst hätte, nicht gesehen zu werden, doch wieder zu kurz zu kommen, könnten alle ihre Meinung frei äußern und Regeln beschließen, die für den Moment allen zugute kommen. Diese Regeln wären jedoch nicht starr, sozusagen „von oben“ verordnet, und damit nicht in Stein gemeißelt.

Menschen, die sich selbst achten können, die um ihren Wert wissen, die ganz einfach selbstverständlich davon ausgehen, dass sie „richtig“ sind, haben es nicht nötig, andere zu übervorteilen. Denn da sie so selbstverständlich davon ausgehen, dass sie wertvoll sind, dass sie gar nichts anderes sein können, gehen sie auch selbstverständlich davon aus, dass sie gemäß ihres Wertes immer mit dem versorgt sind, dessen sie bedürfen. Und so können sie auch selbstverständlich die Bedürfnisse der anderen anerkennen, ohne sich davon in ihren eigenen Bedürfnissen in Frage gestellt zu sehen. Sie können ihre eigenen Bedürfnisse und die der anderen angstfrei wahrnehmen, ohne sich in irgendeiner Weise bedroht zu fühlen.

Und damit erlauben sie sich und anderen wiederum selbstverständlich mit all dem zu sein, was sie sind.

Gehen wir noch einmal zu unserer „Wirklichkeit“ zurück.

Was ist wirklich? Das, wovor ich Angst habe? Meine Angst? Der Gedanke, der meine Angst auslöst? Was ist wirklich? Was sehe ich „da draußen“ in der Welt? Sehe ich die Realität? Sind die Dinge wirklich so beschaffen, wie *ich* sie wahrnehme? Oder kreiere ich mir nicht ständig die Welt neu? Sehe ich nicht nur das, was ich sehen will, oder besser ausgedrückt, was ich in der Lage bin zu sehen, da meine Konzepte, „wie die Welt ist“, mich nur das erfahren lassen, was laut dieser Konzepte möglich ist? Was ist Wirklichkeit? Was ist Realität?

Warum ist uns der eine Nachbar sympathisch, der andere nicht, während ein anderer mit dem „unsympathischen“ bestens zurecht kommt? Warum gehen mir bestimmte Menschen immer wieder auf die Nerven, während andere Menschen mit diesen Zeitgenossen überhaupt kein Problem haben? Warum sehe ich die Welt so, wie ich sie sehe, und andere sehen die gleiche Welt völlig anders, setzen völlig andere Akzente, regen sich über ganz andere Dinge auf, nehmen die Dinge, die mich auf die Barrikaden bringen, nicht einmal wahr?

Was ist Wirklichkeit? Was ist „wahr“? Kreiere ich mir nicht immer wieder *meine* Wirklichkeit im großen Spiel des Lebens? Spiegelt mir die Welt nicht immer wieder meine eigenen

Überzeugungen, Ängste, mein Konzept der Welt? Sehe ich nicht nur das, wovon ich überzeugt bin? Sehe ich nicht nur das, was ich glaube?

Wenn ich davon überzeugt bin, dass ich immer das Nachsehen habe, werde ich es immer wieder haben, zumindest in meinem Gefühl, in meinem inneren Erleben. Mein ganzer Körper zeigt mir, was ich glaube, er spiegelt mir mit allen seinen Mitteln, was ich glaube, was ich nicht glaube, was ich für möglich halte und was nicht. Er gibt mir die Möglichkeit, mich zu erkennen, meine Denk- und Glaubensmuster zu erkennen und sie, wenn ich es denn will, zu verändern. Doch dazu braucht es Bewusstwerdung. Ich muss mir der Tatsache bewusst werden, dass mein Körper mir alles, was ich bin, was ich denke, was ich fühle, spiegelt, immer wieder, immer neu. Erst wenn ich mir einer Sache bewusst bin, dass ich zum Beispiel oft Magenschmerzen habe, wenn ich in einer Besprechung mit meinem Chef wieder nicht gewagt habe, den Mund aufzumachen und meine Meinung kundzutun, kann ich die Entscheidung treffen, etwas zu verändern, meine Realität zu verändern, die Welt, wie ich sie sehe, zu verändern, indem ich mich verändere.

## 19. Fangen wir bei uns selber an

Nehmen wir noch einmal an, wir hätten es sozusagen „geschafft“, wir hätten es geschafft, ein selbstbestimmtes, freies Leben zu führen, unseren Impulsen zu folgen und den Weg unserer Seele zu befolgen, mit untrüglicher Sicherheit immer und überall zu „wissen“, was für uns anliegt, was für uns „stimmt“, was für uns „stimmig“ ist. Wie würde sich das anfühlen? Wie würde unser Leben aussehen? Und was könnten wir anderen vermitteln darüber, wie sich ein solches Leben lebt?

Was wären die wichtigsten Komponenten dieses Lebens? Was könnten wir anderen empfehlen, die sich auf den Weg gemacht haben, ebenfalls ein selbstbestimmtes Leben zu führen? Was würden wir ihnen sagen? Worauf sollten sie am meisten achten?

Sollten sie uns nachahmen, unsere „Regeln“ befolgen? Wäre das der zu empfehlende Weg? Oder sollten sie nicht lieber selbst herausfinden, was für *sie* stimmig ist? Könnten wir allgemein gültige Empfehlungen aussprechen? Oder wäre das widersinnig?

Wenn wir davon ausgehen, dass wir alle „anders“ sind, dass wir einzigartig sind, dann dürfte es uns schwer fallen, allgemein gültige Empfehlungen auszusprechen oder gar allgemein gültige Regeln aufzustellen. Woher wollen wir wissen, was für die anderen stimmig ist? Wie wollen wir wissen, was sich für sie „richtig“ anfühlt? Wir kennen ihren Seelenplan nicht, wir wissen nicht, was sie sich für dieses Leben vorgenommen haben, welche Lernschritte sie gehen wollen. Wir wissen nicht, was das Ziel ihres Lebens ist, wir kennen ihre verborgenen Gaben und Talente nicht. Und wir können sie auch nicht herausfinden. Das können sie nur selbst tun.

Denn wenn wir bedenken, dass hinter unserer größten Angst oft unser größtes Potenzial liegt, dann dürfte uns schnell einleuchten, dass jedes Individuum seinen Schatz selbst befreien muss, sein Potenzial selbst zum Leben erwecken muss. Das Einzige, was wir tun können, ist, sie nicht bei ihrer Suche zu behindern mit unsinnigen Vorgaben, Vorgaben, die vielleicht für uns stimmig waren, die aber nicht auch für andere stimmig sein müssen.

Das Einzige, was wir tun können, ist, ihre Angst nicht noch zu verstärken, indem wir Dinge von ihnen verlangen, die nicht ihre sind, die sie nur ablenken von ihrem eigenen Weg.

Wenn wir ihnen helfen wollen, ihren Weg zu finden, dann können wir sie nur ermutigen, wir können sie ermutigen, an sich selbst zu glauben, sich selbst und ihren Fähigkeiten Vertrauen zu schenken. Wir können sie nur immer wieder ermutigen, den nächsten Schritt zu machen, auch wenn sie sich fürchten. Und wir können ihnen vermitteln, dass es in Ordnung ist, Fehler zu machen, dass sie ganz selbstverständlich zum Lernen dazugehören. Dass wir oft erst durch Versuch und „Irrtum" den eigenen Weg finden, wenn wir nämlich selbst erfahren haben, was uns weiterhilft, was sich richtig für uns anfühlt.

Hören wir endlich auf, andere bevormunden zu wollen, weil wir zu wissen meinen, was für sie das „Beste" ist. Wie wollen wir das wissen? Oft lenken wir uns nur von unseren eigenen Schritten ab, wenn wir uns mit den Problemen der anderen beschäftigen, da sie uns so offensichtlich erscheinen.

Vergessen wir nicht, dass wir für uns selbst die größten Scheuklappen tragen, dass wir Weltmeister darin sind, Ausflüchte und gute Gründe zu finden, warum wir *unseren* nächsten Schritt noch nicht gehen können. Wie oft lenken wir uns ab, jammern, klagen darüber, was in unserem Leben alles schief läuft, ohne wirklich den Mut aufzubringen, etwas zu verändern, wirklich die Ärmel hochzukrempeln und Veränderungen herbeizuführen, endlich auszumisten, was sich an altem, längst überfälligem Ballast in unserem Leben angesammelt hat.

Wie lange wollen wir noch warten? Wie lange wollen wir uns noch darüber aufregen, was alles schief läuft, statt es selbst besser zu machen oder zumindest anders als bisher.

Hören wir auf, uns aufzuregen über die Schlechtigkeit der Welt, fangen wir an, sie zu verbessern, Schritt für Schritt. In vielen kleinen Schritten kommt man auch zum Ziel. Nur mit Jammern kommt man dagegen keinen Schritt weiter.

Fangen wir wieder an, die Dinge beim Namen zu nennen, fangen wir wieder an, anzufangen, damit wenigstens die ersten Schritte getan werden, damit die Veränderung, die so notwendig ist, endlich beginnen kann. Fangen wir an, bei uns selbst anzufangen. Das ist der einzige Weg, der zumindest für uns selbst zum Ziel führt. Fangen wir an.

## 20. Was ist *dein* nächster Schritt, lieber Leser?

Nun, lieber Leser, was steht in *deinem* Leben an? Was sind *deine* nächsten Schritte? Was läuft in *deinem* Leben nicht zu deiner Zufriedenheit? Wovor drückst du dich schon seit geraumer Zeit? Wo stehst du nicht zu dir und deinen Gefühlen, deinem Ärger, deinem Frust?

Wie, meinst du, sollte sich etwas ändern an deiner Unzufriedenheit? Glaubst du immer noch, dass eine gute Fee daherkommen wird, um dich aus deinem Jammertal zu befreien?

Du selbst bist für dein Leben verantwortlich, ob du das wahrhaben willst oder nicht. Du selbst erschaffst in jeder Sekunde deines Lebens deine Lebensrealität, ob dir das passt oder nicht. Du selbst entscheidest in jeder Sekunde deines Lebens, wie es weitergeht in deinem Leben, ob du etwas verurteilst oder ob du im Frieden damit bist, ob du dich verurteilst oder ob du im Frieden bist mit dir selbst. Du selbst entscheidest, und deine Entscheidungen haben einen großen Einfluss auf dein Leben, vor allem aber auf dein Lebens*gefühl.*

Warum willst du dich immer wieder an denselben Steinen auf deinem Weg stoßen? Könnte es sein, dass sie nicht zufällig auf deinem Weg liegen? Könnte es sein, dass sie dort liegen, um dir zu deinem Wachstum zu verhelfen, um dir zu helfen, zu immer größerer Bewusstheit über dich und dein Leben zu gelangen? Überlege einmal, woran du dich in der letzten Zeit immer wieder „stößt", was immer wieder deinen Unmut erregt, und frage dich einmal: Welcher Segen könnte dahinterstecken? Welcher Schritt wartet auf mich? Wie könnte mir das „Problem" dazu verhelfen, zu mehr Klarheit über mich und mein Leben zu gelangen? Was könnte es mir zeigen in Bezug auf alte Glaubenssätze, die mich schon mein ganzes Leben gegängelt haben? Was

„tickt es in mir an“, bringt es zum Schwingen, was nun nicht mehr zu mir gehört, weil ich erwachsen geworden bin? Was will sich von mir verabschieden, damit ich befreit und unbeschwert meinen Weg fortsetzen kann?

Zugegeben, das sind unbequeme Fragen, und es könnte sein, dass die Antworten noch unbequemer sind. Aber willst du wirklich so weitermachen wie bisher? Willst du dich immer und immer wieder aufregen über Dinge, die angeblich so unveränderbar sind? Willst du immer und immer wieder Vorgaben erfüllen, von denen du weißt, dass sie unsinnig sind, da du mit jeder Faser deines Seins spürst, dass sie weder dir gut tun noch deinen Mitmenschen?

Wenn du wirklich willst, dass sich etwas verändert, wenn du dich wirklich befreien willst aus deiner Unfreiheit, dann musst *du* handeln.

Und du bist nicht allein. Sieh dich um und sieh, wie viele deiner Mitmenschen an einem ähnlichen Punkt ihres Lebens stehen wie du. Sieh, wie bei euch allen die Unzufriedenheit wächst, wie ein jeder von euch nach Veränderung lechzt. Und wie jeder darauf wartet, dass sich etwas ändert, dass „man“ etwas tut. „Man“ wird es nicht tun, nicht für *dein* Leben. Das kannst nur du selbst tun. Und nur du selbst kannst entscheiden, für dich herausfinden, was das sein könnte. Nur du selbst weißt, was deine Begabungen sind, nur *du* weißt, was dir leicht fällt, nur *du* weißt, was sich für dich „richtig“ anfühlt. Dann handle danach! Höre auf, das brave Kind zu spielen, das nur brav ist, weil es Angst vor Strafen hat. Du bist kein Kind mehr. Dann verhalte dich auch nicht mehr so, sondern übernimm endlich die Verantwortung für dein Leben. Du hast dir dieses Leben selbst gewählt. Du selbst hast dich entschieden, bestimmte Lernschritte zu gehen. Dann gehe sie auch. Höre auf, dich davor zu drücken und andere dafür verantwortlich zu machen. Dein Leiden, deine Unzufriedenheit werden nicht von anderen erlöst werden. Deine Freude und deine Lebendigkeit werden sich erst wieder bei dir einstellen, wenn du dich selbst lebst, mit allem, was du bist.

Steh auf, steh auf und stehe zu dir selbst. Du bist so viel mächtiger, als du je ahntest.

# 21. Die „neuen" Kinder wollen respektiert werden

Du glaubst nicht, dass du mächtig bist? Du meinst, du seiest ein armes Opfer deiner Lebensumstände?

Wenn du das weiter glauben willst, dann ist das so, dann ist das deine Entscheidung. Dann wirst du weiter Opfer deiner Welt bleiben.

Wenn du dich aber entscheidest, dich dir selbst zuzuwenden, wenn du dich entscheidest, Dinge in deinem Leben verändern zu wollen, dann stehst du am Anfang einer neuen wunderbaren Phase deines Lebens. Wenn du dich entscheidest, dich dir selbst zuzuwenden mit der festen Absicht, hinter all die Glaubenssätze zu kommen, die dich bisher in deinem Leben zurückgehalten haben, die dich behindert haben, ganz du selbst zu sein, dann machst du dir selbst das größte Geschenk deines Lebens. Denn dann entscheidest du dich, Freiheit zu erlangen, innere Freiheit, die die Voraussetzung ist für äußere Freiheit. Erst wenn du dich innerlich ganz und gar frei fühlst, kannst du deine Freiheit auch wirklich leben. Erst wenn du keine Angst mehr hast vor den Reaktionen deiner Umwelt, vor der Verurteilung und Abwertung in dir und damit im Außen, kannst du wirklich selbstbestimmt leben, aus dir selbst heraus, im Einklang mit dir selbst und dem großen Ganzen. Und dann kannst du wirkliches Vorbild sein für die neuen Kinder dieser Zeit.

Die „neuen" Kinder sind alte Seelen, die bereits bestimmte Entwicklungs- und Erfahrungsschritte absolviert haben. Sie passen nicht mehr in unser Schulsystem. Sie sind gekommen, um mehr Menschlichkeit in diese Welt zu bringen, und sie haben viel auf sich genommen. Sie haben sich bereit erklärt, in eine Welt der Angst geboren zu werden, um zu zeigen, dass es anders geht. Sie haben sich entschieden, ihre wunderbaren Fähigkeiten mit in diese Welt zu bringen, Fähigkeiten, die ihnen kein Lehrer beibringen könnte. Sie tragen sie bereits in sich und brauchen einfach nur den Raum, sie zu entfalten, sie zu entwickeln, ohne in ein festgefügtes Schema gepresst zu werden. Sie brauchen Raum zu *sein*, mehr als alle anderen. Denn erst wenn sie *sein* dürfen, kann sich das, was sie als Geschenk mitgebracht haben, entfalten. Erst wenn sie *sind*, im Einklang mit sich selbst, kann sich ihre Schatzkiste öffnen. Und dann können wir uns überraschen lassen, was sie da so alles mitgebracht haben. Vieles davon übersteigt unsere Vorstellungsgrenzen, vor allem, wenn wir uns hauptsächlich in der Welt unseres Verstandes aufgehalten haben. Vieles erfühlen sie, erspüren sie wie mit Radarantennen. Und so entgeht ihnen nicht viel von dem, was sich in unserer Emotionalität abspielt. Viele von ihnen können Gedanken lesen und wissen daher mit Sicherheit, ob wir authentisch sind oder nicht. Sie haben so viele wunderbare Fähigkeiten, die uns, wenn wir um sie wüssten, unheimlich erscheinen würden, weil wir sie gar nicht für möglich hielten.

Diese Kinder sind oft hochsensibel, da sie so viel mehr erspüren und wahrnehmen können. Wenn wir sie dann auch noch ständig unter Druck setzen, müssen sie sich schützen, um nicht verrückt zu werden. Dann erscheinen sie uns als dumm und begriffsstutzig, obwohl sie über außergewöhnliche Intelligenzen verfügen, die aber in unserem Schulsystem nicht zählen, ja, nicht einmal sein dürfen. Und so urteilen wir über Kinder, die uns in ihren Fähigkeiten um Welten voraus sind, Kinder, die unsere Lehrer sein könnten, wenn wir ihren Wahrnehmungen Gehör schenken und uns für sie öffnen würden.

Solange wir aber in unserer Rolle des „allwissenden" Lehrers gefangen sind, haben wir kaum eine Möglichkeit, uns darauf einzulassen, dass wir von den Kindern lernen können. Solange wir noch in unserer Angst stecken, nicht „genug" zu leisten, nicht „genug" zu wissen, solange wir Angst haben, zuzugeben, dass wir uns auf vielen Gebieten nicht auskennen, dass wir auch in unserem Fachgebiet viel mehr nicht wissen als wissen, nehmen wir uns die Chance, von den Kindern zu lernen. Erst in einer freien Lernkultur, in der es selbstverständlich ist, dass auch die „Lehrer" Zeit ihres Lebens Lernende sind und bleiben, ist ein Miteinander- und Aneinander-Lernen möglich. Dann gibt es keine Lehrer im herkömmlichen Sinne mehr, dann kann es nur noch Lernbegleiter geben, die aus ihrer Erfahrung und ihrem Wissen schöpfen und anderen hilfreich zur Seite stehen, statt ihnen etwas verabreichen zu wollen wie eine bittere Medizin.

So wie unser Körper sehr genau spürt, was er braucht, wenn er nicht über Jahre „künstlich" ernährt worden ist, so spüren Kinder sehr genau, was sie an „Futter" brauchen, um zu wachsen und zu reifen. Schenken wir ihnen mehr Vertrauen, dass sie wissen, wann und wie viel Hilfe sie brauchen. Hören wir auf, sie zu überfüttern mit Dingen, die ihnen nicht bekommen, die sie im besten Fall nur unbeweglich machen. Hören wir auf, sie zu bevormunden, sie zu unmündigen Befehlsempfängern zu machen. Fangen wir endlich an, sie zu respektieren als eigenständige, wunderbare Wesen mit einem eigenen wunderbaren Potenzial. Fangen wir endlich an, uns zu respektieren als eigenständige, wunderbare Wesen mit einem eigenen wunderbaren Potenzial. Fangen wir endlich an.

## 22. Lasse dir Zeit für eine wohlüberlegte Entscheidung

Nun, lieber Leser, wie steht es? Bist du bereit? Bist du bereit für das neue Sein in deinem Leben? Oder möchtest du lieber in deiner alten Rolle verweilen?

Überlege gut, denn wenn du dich entscheidest, den neuen Weg zu gehen, gibt es kein Zurück. Wenn du erst einmal vom Wasser der Erkenntnis getrunken hast, bist du infiziert, dann gibt es kein „Heilmittel", um in den alten Zustand zurückzukehren. Wenn du erst einmal Bewusstheit erlangt hast, kannst du nicht wieder vergessen, so wie du Fakten vergisst. Du bleibst ein Wissender, wo immer du Bewusstheit erlangt hast. Du kannst nicht wieder einschlafen, kannst dein Leben nicht wie bisher wieder in einem Dämmerschlaf verbringen. Das ist dann nicht mehr möglich, nie wieder.

Bedenke aber auch, dass du freier sein wirst, dass du mehr und mehr deine Angst vor Verurteilung und Ablehnung verlieren wirst. Bedenke, dass du dein Leben immer bewusster wirst gestalten können, dass du mehr und mehr der bewusste Schöpfer deiner Realität werden wirst, so wie es dir entspricht.

Du kannst dein Leben auch wie bisher leben, das scheint zumindest für den Verstand der bequemere Weg zu sein. Bedenke aber auch, welchen Preis du für diese Bequemlichkeit zahlst, wie du dich gängeln und herumstoßen lässt.

Und bedenke, dass ein Leben in Freiheit erst möglich ist, wenn du den Mut gefunden hast, dich allen Aspekten in dir zu stellen und sie anzunehmen. Dann jedoch stellt sich dauerhaft ein wunderbares Lebensgefühl ein, unabhängig von äußeren Umständen. Dann stellt sich die Freude wieder in deinem Leben ein, als selbstverständlicher Begleiter. Dann wirst du dein Leben genießen können, unabhängig von dem, was um dich herum geschieht. Denn du wirst feststellen, dass du alles, was du zum Glücklichsein benötigst, in dir trägst. Dann bist du wirklich frei und unabhängig.

Lasse dir Zeit, um deine Entscheidung zu treffen, denn sie wiegt schwer.

Lasse dir Zeit, wirklich Klarheit zu erlangen. Befrage dein Herz, bitte es um Antwort und lausche ihm, geduldig. Werde stille, um tief in dir zu *wissen*, was nun für dich ansteht.

Und erst dann gehe weiter.

## 23. Der Körper als Kompass

Du hast dich entschieden, weiterzugehen?

Wunderbar! Lasse dich begrüßen in deinem neuen Sein.

Das erscheint dir merkwürdig? Nun, allein durch die Tatsache, dass du dich entschieden hast, hat sich etwas in dir verändert. Denn dir war bewusst, dass sich Veränderungen ergeben würden durch deine Entscheidung, und du hast dich entschieden, sie in Kauf zu nehmen, du hast dich dadurch nicht abschrecken lassen von deinem neuen Weg.

Das zeigt Mut, Mut, den du brauchen wirst, um diesen Weg unbeschadet gehen zu können.

Doch lasse dir sagen, der neue Weg wäre so oder so auf dich zugekommen, ungeahnte Ereignisse wären in dein Leben getreten, und du hättest dich ohnmächtig gefühlt, deine Angst hätte dich getrieben, dich noch weiter in dein altes Sein zu verrennen, noch verbissener an alten Positionen festzuhalten. Und du hättest gelitten, bis du bereit gewesen wärest, ja zu sagen zu den anstehenden Veränderungen. Denn sie stehen an.

So aber hast du bereits einen aktiven Part übernommen. Du hast dich bewusst entschieden, den neuen Weg zu gehen, dich einzulassen auf das Neue, das unweigerlich auf dich zukommen wird. Und damit wird es leichter für dich werden. Dadurch, dass du deine Kraft nicht mit dem Widerstand in dir vergeudest, sondern dich einlässt auf das Neue, kannst du deine Energie für die wichtigeren Dinge einsetzen. Dein Körper wird es dir danken.

Er kann dir nun sehr viel sinnvollere Hinweise geben, die dir Rückschlüsse über dein Denken und Handeln erlauben, statt dich mit massiven Symptomen mehr und mehr zu zwingen, dein Leben zu überdenken. Schau dich doch um, sieh dir an, unter wie vielen Symptomen deine Kollegen und Kolleginnen leiden. Das ist nicht „gottgegeben".

Unser Körper zeigt uns immer wieder in einer perfekten Weise, wie wir denken und handeln oder nicht handeln. Er spiegelt uns in perfekter Form unsere Ängste, unsere Glaubenssätze, unsere Sicht der Welt. Doch so oft wollen wir nicht hören und nicht fühlen und greifen stattdessen zu Pillen.

Lassen wir uns Zeit, unserem Körper zu lauschen, seine Signale zu beachten, immer wieder. Oft dauert es eine Weile, bis wir ein Symptom verstehen und vor allem, bis wir in der Lage sind, etwas zu verändern in unserem Denken und Fühlen. Und oft brauchen wir Hilfe, da unsere Scheuklappen uns den Weg versperren, uns die klare Sicht erschweren.

Gehen wir liebevoll mit unserem Körper um, behandeln wir ihn achtsam und respektvoll, denn er ist unser bester Freund. Ohne ihn wäre dieses Leben gar nicht möglich, ohne ihn könnten wir all die wunderbaren Dinge dieser Welt gar nicht wahrnehmen, nicht erleben, erfühlen. Und er meint es stets gut mit uns. Seine höchste Priorität ist es, uns Bewusstheit zu verschaffen, uns aufmerksam zu machen auf unsere „Fehler". Behandeln wir ihn bewusst, danken wir ihm immer wieder für seine unermüdliche Arbeit, auch wenn uns das zunächst seltsam erscheint. Wenn wir uns vor Augen halten, dass selbst Wasser auf Schwingung, auf Gedankenkraft reagiert, dann können wir auch verstehen, dass unser Körper sehr empfänglich ist für unsere Gedanken. Jede einzelne Zelle hat ihre eigene Intelligenz, jede einzelne Zelle reagiert auf das, was wir denken, und somit auch auf das, was wir fühlen, denn häufig entstehen unsere Gefühle aufgrund unserer Gedanken.

Und wenn wir uns einmal überlegen, was wir so den ganzen Tag zu denken pflegen, dürfte uns einleuchten, dass es keine schlechte Idee sein kann, unseren Zellen etwas Positives zukommen zu lassen an Gedankenkraft. Und Dank ist neben der Liebe die stärkste Kraft, mit der wir unseren Körper aufladen können. Danken wir ihm immer wieder, auch wenn er schmerzt. Danken wir ihm immer wieder für all seine Aufgaben und Funktionen, die er selbstverständlich jeden Tag für uns erledigt. Danken wir ihm und beginnen wir, uns selbst anzuerkennen für all die Aufgaben und Funktionen, die wir jeden Tag bewältigen. Beginnen wir ganz bewusst, uns selbst anzuerkennen für alles, was wir sind und leisten, statt uns immer wieder niederzumachen für all das, was wir nicht sind und leisten. So können wir langsam, aber sicher unser Verständnis von Mangel in unserem Leben verwandeln in ein Verständnis für die Fülle in unserem Leben. Und dann können wir sehen, dass die Fülle schon immer in unserem Leben vorhanden war, allem voran die Fülle an Liebe in uns selbst, in unserem Herzen. Und je erfüllter sich unser Leben gestaltet, da wir begonnen haben, die Fülle in unserem Leben anzuerkennen und geschehen zu lassen, desto mehr können wir aus der Fülle in uns schöpfen und unendlich daraus weitergeben.

Dann haben wir den Mangel in unserem Leben besiegt, dann sind wir selbst zum Quell alles Guten geworden, an dem sich andere laben können, bis sie selbst aus der Quelle in ihnen trinken können.

Das ist unsere Aufgabe in dieser Welt, unabhängig davon, welchen Beruf wir ausüben.

## 24. Erforsche dich liebevoll

Nun, lieber Leser, was heißt das ganz konkret für dein Leben?

Vermutlich heißt das für dich, dass du dir einmal anschauen solltest, wo du dich vergewaltigst, wo du dich zu Dingen zwingst, die dir beim besten Willen nicht entsprechen.

Nur du selbst kannst jedoch herausfinden, was das ist, in welchen Zusammenhängen es dir noch nicht gelingt, zu dir selbst zu stehen, zu deinen Empfindungen, zu deinen Bedürfnissen.

Nur du selbst kannst in dich hineinlauschen, in dich hineinfühlen, um in dir zu erspüren, was dir entspricht und was nicht.

Und dann erst kannst du entscheiden, was du bereits verändern willst und was nicht. Immer ist es deine Entscheidung, immer wieder. Immer ist es deine Entscheidung, ob du dich dafür, dass du noch nicht ganz und gar zu dir selbst stehst, verurteilst oder nicht. Je mehr du dich verurteilst, desto mehr schwächst du dich, desto weniger stehst du zu dir selbst. Je mehr du dich verurteilst, desto mehr lebst du das, was du am meisten fürchtest, was du in deiner Kindheit am meisten gefürchtet hast, als du dich ganz allein und verloren gefühlt hast, mit dem Gefühl, nichts wert zu sein, nicht liebenswert zu sein. Damals warst du allein. Kein Erwachsener hat dir in solchen Momenten beigestanden. Du fühltest dich im Stich gelassen von Gott und der Welt.

Lasse dich nicht wieder im Stich. Heute bist du kein Kind mehr. Heute bist du erwachsen. Heute kannst du dir selbst beistehen, nicht, indem du dich verurteilst, sondern indem du Mitgefühl und Verständnis für dich selbst hast. Indem du dich selbst so annimmst, wie du bist. Deine Angst vor Verurteilung und Ablehnung im Außen ist so groß, weil du dich selbst verurteilst, dich selbst ablehnst, so wie du bist, weil du „weißt“, dass du nicht „perfekt“ bist, nach welchem Maßstab das auch sein sollte. Wisse, dass du in dir Instanzen übernommen hast, die dich mit den gleichen Überzeugungen und Glaubenssätzen gängeln, mit denen du in deiner Kindheit konfrontiert warst. Es sind alte Glaubenssätze, die jedoch noch genauso wirksam in dir sind wie in deiner Kindheit.

Erst durch deine Achtsamkeit dir selbst gegenüber kannst du lernen, diese „Stimmen“ in dir zu unterscheiden, die Stimme deines Herzens, die immer liebevoll mit dir ist, und die Stimmen der verschiedenen übernommenen „Instanzen“, wie zum Beispiel die Instanz deines irdischen Vaters oder die deiner irdischen Mutter, die dir suggerieren, dass du nicht „in Ordnung“ bist. Wisse aber, dass diese Instanzen sozusagen „Fremdenergien“ in dir sind, übernommene Anteile deiner Eltern, die dir geholfen haben, dein Bild von der Welt zu formen gemäß deines von dir selbst gewählten Lebensplanes.

Es ist nun an der Zeit, dich von diesen „Fremdenergien“ zu befreien, indem du die übernommenen Glaubenssätze aufdeckst, die dich in deiner inneren Freiheit und in deinem Potenzial beschränken. Erst durch das Aufdecken dieser übernommenen Formen, erst durch die Bewusstwerdung der Einschränkungen durch diese übernommenen Glaubenssätze kannst du nun bewusst Freiheit erlangen und auch leben. Denn erst wenn du sie bewusst leben kannst, wirst du dir auch der Macht bewusst, die du innehast. Denn wenn du dir einmal vorstellst, in welchem Maße dich bestimmte Überzeugungen in deinem Leben geknebelt haben, wie sie dich behindert haben, kannst du dir darüber klar werden, wie viel Macht dadurch gebunden worden ist.

Du bist nur machtlos, wenn du dich machtlos fühlst. Du bist nur machtlos, wenn du glaubst, dass es dir nicht zusteht, Macht zu haben, wenn du davon überzeugt bist, dass dir keine Macht zusteht. Erst wenn du das Gefühl der Machtlosigkeit kennst, kannst du bewusst spüren, wie sich das Gefühl deiner Macht einstellt, und erst dann wirst du sie bewusst leben und einsetzen können. Erst wenn du beginnst, all die Einschränkungen deiner Macht aufzuheben, wird dir klar werden, dass du deine Macht immer schon hattest, es aber nicht glauben konntest, wie machtvoll du schon immer warst.

Darum ist es so wichtig, dass du beginnst, achtsam mit dir selbst zu sein, dich liebevoll zu betrachten, um dann festzustellen, wo deine Knebel sitzen, in welchen Überzeugungen sie offenbar werden.

Zugegeben, das ist nicht immer ein leichter Weg, denn auf diesem Weg werden sich viele Altlasten zeigen. Bedenke aber, dass du selbst zugestimmt hast, diesen Weg zu gehen, und dass du immer wieder die Entscheidungsgewalt auf deinem Weg hast. Du selbst bist der Schöpfer deines Lebens, du selbst bist der Schöpfer deiner Lebensrealität, jeden Augenblick neu.

## 25. Nimm deine Macht wieder an

Nehmen wir noch einmal an, du hättest alle deine Glaubenssätze überwunden. Nehmen wir an, du hättest dein ganzes Potenzial befreit. Nehmen wir an, du wärest im Vollbesitz deiner Macht. Versuche dir einmal vorzustellen, wie sich das anfühlen könnte. Stelle dir vor, dir wäre in jedem Augenblick deines Lebens ganz und gar bewusst, dass du Schöpfer deiner Lebensrealität bist. Stelle dir vor, welche Weite sich in dir einstellen könnte, welche Gelassenheit und welche Großmut. Stelle dir vor, wie du mit dieser Großmut deinen Mitmenschen begegnen könntest, welche Oase du wärest in deinem Leben.

Und dann stelle dir vor, man wäre dir in deinem Leben von Anfang an mit dieser Großmut begegnet, stelle dir vor, man hätte dich sein lassen, wie du bist, ohne Ansprüche an dich heranzutragen, ohne dich einzuschränken in deinem Sein. Stelle dir vor, wie wunderbar du mit dir selbst im Einklang geblieben wärest, wie du niemals angefangen hättest, dich selbst einzuschränken, dich zu kasteien, dich niederzumachen für nicht „geschaffte Leistung". Stelle dir vor, was für ein glücklicher und zufriedener Mensch du geworden – oder besser – geblieben wärest.

Stelle dir nun weiterhin vor, wie du deinen Mitmenschen mit dieser Großmut begegnest. Stelle dir vor, wie sie aufatmen könnten in deiner Gegenwart, wie sie sich innerlich entspannen und weiten könnten. Stelle dir vor und werde dir bewusst, in welch wunderbarem Maße sie in deiner Gegenwart heilen könnten, da sie zu fühlen beginnen könnten, wie es sich anfühlt, angenommen zu sein, bedingungslos angenommen zu sein, ohne etwas leisten zu müssen.

Bleibe einige Augenblicke lang bei dieser Vorstellung, bleibe in dem Gefühl, wie angenehm es für dich und deine Mitmenschen wäre, einfach *sein* zu können.

Und dann entscheide dich noch einmal: Willst du so weiterleben wie bisher? Willst du deine Macht immer noch nicht leben, sondern sie weiter an andere abgeben? Willst du immer noch an deinen Einschränkungen festhalten und dich zum Opfer deiner Welt machen? Jetzt, wo du weißt, wie viel angenehmer das Leben sein kann, sich anfühlen kann. Du hast zumindest eine Ahnung davon bekommen, wie es sich anfühlen könnte. Doch lasse dir sagen, das ist nur eine winzige Vorstellung davon, wie wunderbar es sich wirklich anfühlen kann. Das Lebensgefühl, das sich einstellen kann, wenn du dich befreit hast, wenn du mehr und mehr *fühlen* kannst, dass du mit allem verbunden bist, übersteigt im Moment deine Vorstellungskraft.

Du würdest nie wieder das Gefühl haben, allein zu sein, denn du würdest die Verbundenheit mit allem selbstverständlich wahrnehmen können, du würdest die Einheit, aus der du gekommen bist, wieder in dir spüren, du würdest dich eins mit allem fühlen.

In ekstatischen Momenten, wenn du verliebt bist, zum Beispiel, kommst du diesem Zustand schon recht nahe. Dann scheint es keine Hindernisse mehr zu geben, dann scheint die Sonne, denn deine innere Sonne hat wieder angefangen zu leuchten und dein Leben zu erhellen.

Diese Kraft trägst du *immer* in dir, zu jedem Moment deines Lebens. Du *bist* diese Kraft. Du bist dieses machtvolle Wesen in seiner Schöpferkraft. Immer, in jedem Moment. Du bist dir dessen nur noch nicht bewusst.

Die neuen Kinder dieser Zeit sind sich dieser Macht noch mehr bewusst. Sie spüren die Verbindung mit allem noch viel deutlicher, sie haben noch nicht so viel „vergessen“ wie wir. Erinnern wir sie wieder daran, indem wir selbst diese Macht wieder leben, sie wieder in Besitz nehmen, statt sie glauben zu machen, dass sie „nichts können“.

Sie sind genauso machtvoll wie wir, sie sind wie wir machtvolle, schöpferische Wesen, die sich ihren Lebens- und Bewusstwerdungsweg gewählt haben. Helfen wir ihnen, ihre Kraft bewusst zu leben, indem wir es ihnen vorleben. Helfen wir ihnen, indem wir ihnen zeigen, ganz selbstverständlich, dass es „in Ordnung“ ist, machtvoll zu sein, seine Macht und Größe zu leben, dass es nicht „egoistisch“ ist, seine Bedürfnisse zu spüren und zu leben. Zeigen wir ihnen, dass wir es wert sind, uns selbst anzunehmen, wie wir sind, und sie werden uns nachahmen, sie werden so dankbar jeden Hinweis annehmen, dass sie sein dürfen, wie sie sind. Ihre Seele wird sich erkannt fühlen und aufatmen, sich ausdehnen und das wunderbare Potenzial befreien, das sie mit in diese Welt gebracht haben.

Lassen wir uns ein auf uns selbst, auf unser Potenzial, auf unsere Macht und Stärke, lassen wir sie wieder zu, und genießen wir, was wir in uns tragen.

# 26. Geschehen lassen, nicht tun

Was hat all dies nun für praktische Auswirkungen auf das Leben?

Wie sollen wir Dinge verändern? Was sollen wir anders machen?

Und schon sind wir wieder beim *Tun* statt zu *sein*.

Wir tun doch eh schon reichlich viel. Ist es denn immer noch nicht genug? Wir beklagen uns doch ständig darüber, dass „man" immer noch mehr von uns verlangt. Dass wir schon wieder mehr machen sollen, als ob die Belastung nicht schon längst mehr als genug wäre. Und dabei haben wir so oft das Gefühl, dass niemand oder kaum jemand unsere Arbeit anerkennt. Immer und immer wieder sagt man uns, was wir alles falsch machen, was wir noch alles machen sollten, und niemand scheint zu sehen, wie viel wir bereits tun, wie viel wir leisten, wie oft wir uns quälen, uns antreiben, obwohl wir doch so oft schon erschöpft sind.

Wir können einfach nicht mehr, oder besser, wir wollen einfach nicht mehr, nicht noch mehr!

Unser Körper signalisiert uns ständig, dass wir nicht noch mehr machen können, weil wir nicht noch mehr machen wollen. Unser Körper weist uns ständig darauf hin, dass wir Dinge machen, die wir nicht wirklich tun wollen, weil wir tief in uns spüren, dass „etwas falsch" läuft. Sobald wir etwas tun, was uns wirklich entspricht, bei dem wir uns wirklich wohl fühlen, werden wir nicht müde. Im Gegenteil, etwas zu tun, was uns wirklich gefällt, was uns Spaß und Freude bereitet, uns tiefe Erfüllung ermöglicht, gibt uns neue Kraft, statt uns zu ermüden. Sehen wir uns doch nur einmal Kinder an, die nach Herzenslust herumtollen können. Sie werden ein gesundes Maß an Aktivität und Erholung finden, an „Arbeit" und Muße. Und so können sie endlos weitermachen, bis ihr Körper nach Schlaf verlangt. Und je kleiner sie sind, desto unmittelbarer werden sie einfach vom Schlaf übermannt. Der Körper holt sich die Auszeit, die er braucht, um sich zu regenerieren, um Erlebtes zu verdauen und zu integrieren, um Gelerntes sich setzen zu lassen.

Und was machen wir? Folgen wir dieser inneren Weisheit unseres Körpers oder richten wir uns nicht viel mehr nach unserem Kopf, der uns sagt, was wir noch alles zu leisten haben, auch wenn wir längst über alle Maßen erschöpft sind?

Und was tun wir unseren Kindern an, wenn wir sie stundenlang einsperren, sie dazu zwingen, still zu sitzen und brav Futter aufzunehmen, auch wenn es für sie unverdaulich ist. Wir halten sie davon ab, ihrem natürlichen Rhythmus von Anspannung und Entspannung zu folgen, wir zwingen sie, Stunde um Stunde zuzuhören, und geben ihnen kaum eine Möglichkeit, das, was in ihnen ist, zum Ausdruck zu bringen. Und dann wundern wir uns, dass sie in den Pausen oder nach der Schule regelrecht explodieren, sich gegenseitig Gewalt antun. Dass sie ungestüm alles umrennen, was ihnen in den Weg kommt, da sie ihre Energie so lange zurückhalten mussten.

Was tun wir uns nur an? Was tun wir uns nur immer wieder an?

Haben wir doch endlich den Mut, zu sehen, was uns gut tut, was uns bekommt. Und vertrauen wir darauf, dass wir auch anderen gut tun, wenn wir uns wirklich nach dem richten, was uns gut tut, wenn wir unsere Bedürfnisse ernstnehmen. Glauben wir denn wirklich, dass es unserer Umwelt nicht bekommen würde, wenn wir endlich einmal beginnen würden, für uns selbst zu sorgen? Ist es nicht viel mehr so, dass unsere Umwelt letztlich sehr davon profitiert, wenn wir uns wohlfühlen?

Stellen wir uns einmal vor, an den Schulen gäbe es nur Direktoren, die gut für sich sorgen, denen es daher gut geht, die sich wohlfühlen und sich nicht mehr beweisen müssen, wie toll sie sind. Wäre das nicht ein wunderbares Arbeiten? Diese Direktoren würden uns ermutigen, ebenfalls für uns zu sorgen. Sie würden uns helfen, den Mut zu haben, gut für uns zu sorgen, ohne

Angst haben zu müssen, als faul und egoistisch dazustehen. Und stellen wir uns vor, wir hätten nur Lehrer, die gut für sich sorgen, die sich wohlfühlen, die gern zur Schule gehen, weil sie keine Angst mehr hätten, all den Anforderungen nicht gewachsen zu sein, weil sie keine Angst mehr hätten, nicht in ihrer Arbeit anerkannt zu werden. Was hätten die Schüler für ein wunderbares Lernumfeld!

Und wie viel leichter würde es solchen Lehrern fallen, dafür zu sorgen, dass es auch den Schülern gut geht. Wie viel eher wären sie in der Lage, zu erkennen, was ihren Schülern bekommt und was nicht! Und wie viel eher hätten sie den Mut, unsinnige Vorgaben zu torpedieren, sie einfach zu ignorieren und stattdessen ihrem eigenen Gefühl zu vertrauen.

Sie hätten den Mut, anzuerkennen, dass es nicht „*die* Methode" gibt, die die allein selig machende ist. Sie würden selbstverständlich erkennen, dass jeder Mensch individuelle Lernbedingungen braucht, individuelles Futter, so wie jeder Mensch anderes braucht, um sich wohlzufühlen. Und sie hätten den Mut, die Kinder selbst herausfinden zu lassen, was ihnen gut tut, was ihnen das Lernen erleichtert, und vor allem, was sie lernen wollen und wann.

Haben wir endlich den Mut, loszulassen, geschehen zu lassen, in dem Vertrauen, dass die Kinder selbst am besten wissen, was ihnen gut tut.

Hören wir endlich auf, noch mehr *tun* zu wollen. Der Tag hat nur vierundzwanzig Stunden!

# 27. Haben wir den Mut zu *sein*!

Haben wir endlich den Mut zu *sein*, zu sein mit allem, was wir sind. Dazu braucht es Mut, immer wieder. Denn wenn wir uns gestatten, mit allem zu sein, was wir sind, ohne jede Ausnahme, dann dürfen auch all unsere ungeliebten Teile sein, unsere Ungeduld, unser Neid, unser Zorn, all unsere ungelebte und so oft unterdrückte Wut, unsere Trauer, all unsere Ecken und Kanten, die wir so gern verstecken, um eine glatte Oberfläche zeigen zu können, um nicht anzuecken. Alle diese Anteile dürfen dann sein, alle und noch viel mehr, all die Anteile, von denen wir noch gar nicht wissen, dass sie auch in uns stecken. Anteile, die uns zunächst vielleicht sogar erschrecken werden, da sie so viel Macht innehaben, die wir noch niemals gewagt haben, zu fühlen, geschweige denn zu leben. Immer haben wir versucht, uns anzupassen an das, was wir für die „Norm" hielten. Und interessanterweise ist das für jeden etwas anderes. Das heißt, wir versuchen, uns an eine Norm anzupassen, die es gar nicht gibt.

Das heißt, wir unterdrücken Anteile in uns selbst, um einer Norm zu entsprechen, die es gar nicht gibt. Ist das nicht widersinnig? Und dennoch tun wir es, immer wieder.

Immer und immer wieder begrenzen wir uns in unseren Möglichkeiten, statt uns *sein* zu lassen mit all unseren Möglichkeiten.

Wie lange wollen wir das noch tun? Wie lange wollen wir das unseren Kindern noch antun?

Wir wissen doch, wie *wir* uns fühlen mit unseren vergeblichen Versuchen, uns an einer Norm auszurichten, die es gar nicht gibt. Warum wollen wir dann den Kindern eine Norm aufzwingen, die irgendjemand für sie festgelegt hat? Warum wollen wir sie wieder und wieder in ein Korsett stecken?

Könnte es sein, dass wir uns vor ihrer Kraft und Stärke fürchten, weil wir unsere eigene Kraft und Stärke noch nicht entwickelt haben, weil wir sie noch nicht leben und weil wir Angst haben, sie zu leben, offen und ehrlich?

Könnte es *das* sein, was uns davon abhält, unseren Kindern die Freiheit zu gewähren, die sie brauchen, um ihr Potenzial zu entwickeln?

Prüfen wir doch einmal ehrlich vor uns selbst, wann wir Angst haben vor der Stärke und Kraft unserer Kinder, wann wir es mit der Angst zu tun bekommen, wenn wir spüren, dass sie sich nicht „einsperren" lassen in ein Korsett, dass wir sie nicht mehr zu „fassen" bekommen, weil sie sich nicht mehr einschüchtern lassen von den Sanktionen, die das System zur Verfügung stellt.

Begreifen wir endlich, dass wir es ihnen *vorleben* müssen, was es heißt, zu sich selbst zu stehen, wofür es sich lohnt, sich einzusetzen, sich auch anzustrengen. Dass wir ihnen vorleben müssen, was es heißt, ein selbstbestimmtes, freies Leben zu führen.

Dann erst können sie sich an uns orientieren und müssen nicht mehr für ihre Freiheit kämpfen, indem sie sich verweigern, sich dem, was wir in sie hineinstopfen wollen, verschließen, um sich zu schützen.

Sie spüren intuitiv, dass sie mit dem „falschen" Futter gefüttert werden. Sie „wissen" tief in sich, dass sie gekommen sind, nicht um sich „anzupassen", sondern um die Erfahrung zu machen, ein freies Leben zu führen mit all ihrer Schöpfermacht. Sie „wissen", dass sie sich vorgenommen haben, Bewusstheit über ihre Schöpfermacht zu erlangen, über ihre Göttlichkeit. Und indem sie sich verweigern, „zwingen" sie uns, aufzuwachen, uns selbst bewusst zu werden über die Dinge, die wir uns selbst antun.

Was nehmen diese Kinder auf sich! Wie viel Liebe müssen sie in sich tragen, um das auf sich zu nehmen! In Kauf zu nehmen, dass man sie als Versager abstempelt, als Idioten, die „nicht einmal die einfachsten Aufgaben lösen können". Dass man auf sie herabsieht, sie abwertet und verurteilt.

Wir tun das mit ihnen, weil wir selbst soviel Angst haben, als Versager dazustehen. Wir sind immer wieder froh, dass „wir nicht so sind wie die da".

Immer und immer wieder müssen wir uns auf Kosten anderer erhöhen – und sei es auch nur im stillen Kämmerlein –, um uns von unserer Angst abzulenken, unserer Angst, verurteilt und abgestempelt zu werden. Immer und immer wieder müssen wir uns versichern, dass wir „in Ordnung" sind, dass wir Bescheid wissen, dass wir „dazugehören".

Begreifen wir endlich, dass wir in Ordnung *sind*, wie wir sind, dass wir „dazugehören", immer und ewig, denn wir sind alle miteinander verbunden. Wir kommen aus der Einheit, und wir suchen die Einheit wieder in uns zu finden, die Einheit, die alles sein lässt, die nichts mehr ablehnt.

Erst wenn wir alles in uns annehmen können, sind wir in der Lage, auch alles im „Außen" anzunehmen. Solange wir Dinge im „Außen" ablehnen, lehnen wir Anteile unserer selbst ab.

Begreifen wir das endlich und hören wir auf, uns auf Kosten anderer zu erhöhen. Damit werten wir uns nur selbst ab.

## 28. Unser Sein enthält alles, was zu uns gehört – wir sind *immer* vollkommen, heil und ganz

Leben wir uns endlich mit all unserer Kraft, mit *all* unserer Kraft! Lassen wir endlich zu, dass das, was wir in uns tragen, zum Ausdruck kommt.

Lassen wir uns endlich sein mit *allem*, was wir sind.

Nur so können wir ein glückliches Leben führen, ein wirklich glückliches Leben, nicht nur ein halbwegs glückliches Leben, in dem sich die Glücksmomente an einer Hand abzählen lassen.

Denn wann sind wir denn wirklich glücklich, wirklich zufrieden? Wirklich rundherum glücklich und zufrieden?

Doch erst, wenn wir wirklich *sein* dürfen, wenn wir mit allem, was wir sind, *sein* dürfen, selbstverständlich.

Warum fällt es uns dann so schwer, anderen den Raum zu geben, auch einfach sein zu dürfen?

Ganz einfach, weil wir es uns selbst nicht zugestehen. Wir haben Angst, selbst nicht sein zu dürfen, wenn andere sein dürfen. Wir haben Angst, dass der Raum nicht für alle ausreicht, um zu sein, ohne dass wir uns gegenseitig etwas wegnehmen.

Was für ein armes Leben ist das! Immer in der Angst, nicht genug zu bekommen, nicht genug Raum, nicht genug Anerkennung, nicht genug Beachtung, nicht genug Liebe. Niemals genug!

Selbst wenn wir im Luxus leben würden, hätten wir immer noch Angst, nicht „genug" zu bekommen, weil wir uns das Wesentliche nicht zugestehen können: den Raum, einfach zu sein.

Unser Sein beinhaltet alles. Und das ist immer genug. Denn mehr als alles kann es nicht beinhalten. Unser Sein enthält alles, was zu uns gehört. Es ist immer da, immer. Und niemand kann uns das wegnehmen, nicht einmal den winzigsten Bruchteil. Wir sind immer vollkommen, ganz, heil. Wir lassen es nur nicht zu, da wir vor lauter Tun übersehen, dass wir bereits alles in uns tragen.

Und so bilden wir uns ein, dass es nicht genug ist. So bilden wir uns ein, dass uns ständig etwas fehlt. Wir richten unseren Fokus ständig auf den Mangel, statt ihn auf die Fülle zu richten. Und so schaffen wir ständig den Mangel in unserem Leben.

Und so können wir nicht glauben, dass unsere Kinder alles in sich tragen, was sie brauchen. Vor lauter Mangelbewusstsein sehen wir immer nur, was alles fehlt, statt das zu sehen, was bereits vorhanden ist. Und so geben wir unser eigenes Mangelbewusstsein an unsere Kinder weiter, bis sie selbst davon überzeugt sind, dass sie nicht „genug" zu bieten haben, dass ihre Talente nicht „ausreichen", dass sie nichts „wert" sind.

Wie sollen sie da Vertrauen zu sich selbst entwickeln? Wenn sie nur von Erwachsenen umgeben sind, die ihnen immer und immer wieder zu verstehen geben, dass sie nicht „genug" sind, dass sie immer noch „ganz viel" zu lernen haben, „ganz viel" zu leisten haben, und dass das nie aufhört. Wie sollen sie da mit Freude lernen, wenn sie sehen, dass das alles eine einzige Sisyphusarbeit ist? Wenn sie immer wieder spüren, dass es sowieso niemals ausreichen wird, um die Ansprüche, die man an sie stellt, je zu befriedigen. Dass sie niemals „genug" tun können, um wirklich das „Ziel" zu erreichen, das Ziel, wirklich anerkannt zu werden für ihre „Leistung", das Ziel, „genug" zu sein.

Solange wir immer nur *tun*, wird es niemals genug sein. Erst wenn wir beginnen zu *sein*, können wir spüren, dass wir genug *sind*. Und dann erst, erst wenn wir uns *sein* lassen, kann unser Tun aus unserem Sein entstehen, mühelos, wie von selbst.

Dann kann unser Tun im Einklang mit uns selbst fließen, es kann aus uns herausfließen und uns die Freude und Befriedigung bescheren, die wir immer wieder zu finden versucht haben.

Denn erst, wenn unser Tun aus unserem Sein geschieht, ist es beseelt, ist es beseelt von dem, was wir im tiefsten Inneren sind: Liebe, uneingeschränkte, alles umfassende Liebe.

Dann erst können wir die Dinge mit wahrer Begeisterung tun, wenn wir in Verbindung stehen mit dem Geist in uns, der uns beseelt, wenn wir in Verbindung stehen mit der Weisheit des Herzens.

Lassen wir uns Zeit zu sein, geben wir uns Raum zu sein, immer wieder, immer wieder ganz bewusst. Geben wir uns Raum, die zu sein, die wir wirklich sind, statt so zu tun, als ob wir wären, was wir gar nicht sind.

Geben wir unseren Kindern Raum zu sein, die sie sind, statt von ihnen zu erwarten, etwas anderes zu sein, etwas, das wir von ihnen erwarten, weil wir uns selbst nicht erlauben zu sein.

# 29. Gelassenheit kommt von *sein* lassen

Lieber Leser, was macht all das mit dir? Wie verändert sich dein Fühlen und Denken?

Spürst du, wie oft du dich antreibst, um irgendetwas zu „erreichen“?

Fühlst du, wie jede Zelle in dir sich danach sehnt zu *sein*?

Wie jede Faser deines Seins dich aufruft, dich *sein* zu lassen, dich nicht mehr anzutreiben?

Gib dir Raum, auch wenn du meinst, dir das nicht gestatten zu können.

Gib dir Zeit, auch wenn du meinst, dass dir die Zeit stets davonläuft.

*Du* entscheidest, nur du, wie du mit dir selbst umgehst.

*Du* entscheidest, welchen Raum du dir zugestehst.

Du bist der Schöpfer deiner Lebensrealität, du allein.

So kannst du nun nicht mehr deine Umwelt für dein Dilemma verantwortlich machen.

Wenn du das tust, gibst du deine Eigenverantwortung wieder ab, verleugnest du deine eigene Kraft und Stärke.

Wie gesagt, das ist *deine* Entscheidung, immer wieder, immer wieder neu, in jedem neuen Augenblick. Immer wieder triffst du Entscheidungen, triffst du die Entscheidung, wie du dich selbst behandelst. Und jede deiner Entscheidungen hat Konsequenzen für dein Fühlen und Sein. So einfach ist das und doch so schwierig.

Beginne, dich einfach wahrzunehmen, immer wieder, mit allem, was sich in dir zeigt, deine Angst, deine Wut, deine Freude, deine Begeisterung. Nimm einfach wahr, was ist, ohne dich zu verurteilen, dass du Wut verspürst, ohne ungeduldig mit dir selbst zu sein, dass du es noch nicht besser „hinkriegst“.

Das, was ist, ist. Du wirst deine Wut nicht zum Verschwinden bringen, indem du dich darüber aufregst, dass sie da ist. Erst, wenn du sie anerkennst in ihrem Sein, erst, wenn du ihr „zugehört“ hast, wenn sie dir ihre Botschaft hat übermitteln können, kann sie sich beruhigen. Und dann kann sie zu deiner Kraft werden, zu der Kraft, die du brauchst, um Dinge in deinem Leben zu verändern. Dann kann sie zu deinem Mut beitragen, Dinge in Angriff zu nehmen, die dir schon seit langem missfallen.

Das gleiche gilt für deine Angst. Wenn du versuchst, sie in den hintersten Winkel deines Seins zu verbannen, wird sie doch immer wieder Möglichkeiten finden, dich zu beherrschen, wenn du dich ihr nicht stellst. Erst wenn du ihre Existenz anerkennst, wenn du bereit bist, ihr offen und ehrlich ins Auge zu sehen, wirst du in der Lage sein, sie zu überwinden, sie dir zu eigen zu machen als transformierte Kraft, die dich befähigt, auch durch schwierigste Situationen hindurchzugehen.

Erst wenn du dich mit allem, was du bist, mit allem, was du in dir trägst, sein lassen kannst, wenn du gelassen hast, weil du dein Wollen losgelassen hast, dein Tun-wollen, dein Verbessern-wollen, dein Die-Norm-erfüllen-wollen, kann sich Gelassenheit in dir einstellen.

Und erst, wenn du Gelassenheit erlangt hast, weil du dich selbst lassen kannst, kannst du andere lassen, sie so lassen, wie sie sind, sie anerkennen in ihrer Einzigartigkeit und dich uneingeschränkt an ihnen erfreuen.

Das ist es, was Kinder brauchen, was sie am allermeisten brauchen: Erwachsene, die den Mut gefunden haben, sich zu lassen, sich sein zu lassen, die in sich selbst das Vertrauen gefunden haben, dass ihr Tun sich ganz selbstverständlich aus ihrem Sein ergibt.

Denn solch gelassene Erwachsene haben den Mut und die Gelassenheit, ihnen den Raum zu geben, den sie brauchen. Sie haben das Vertrauen, dass die Kinder ihr Tun aus ihrem Sein geschehen lassen können, sie müssen die Kinder nicht ständig ängstlich beäugen, aus der latenten Angst, die Kinder könnten nicht „genug“ tun und lernen.

Erst wenn die Kinder einen Rahmen haben, der ihnen die freie Entfaltung all ihrer Fähigkeiten ermöglicht, weil er sie *sein* lässt, können sie ihr Potenzial wirklich freisetzen.

Das muss nun nicht heißen, dass es keine Meinungsverschiedenheiten mehr gäbe. Es wird immer so viele verschiedene Standpunkte geben, wie es Individuen gibt. Denn jeder hat einen anderen Ausgangspunkt, einen anderen Blickwinkel, eine andere Sicht der Dinge, eine andere Gewichtung von Wertigkeiten. Und das ist wunderbar so. Denn das erst ergibt die wunderbare Vielfalt, den unendlichen Reichtum an Möglichkeiten, an Fähigkeiten, an Entwicklungsmöglichkeiten. Jeder und jede trägt bei zu diesem Reichtum, jeder und jede hat Fähigkeiten, die zur Vervollständigung des Ganzen beitragen, jeder und jede ist wichtig für die Vollkommenheit des Ganzen.

# 30. Freiheit wagen

Lieber Leser, nun fragst du dich wahrscheinlich, wie denn nun gewaltfreier Unterricht aussehen soll.

Wenn es vor allem darum geht, Kinder in ihrem Sein zu belassen, ihnen Raum zu geben zu *sein*, dann kommst du mit deiner bisherigen Sicht von Unterricht ganz schön in die Bredouille. Wie sollst du 30 Kinder einfach *sein* lassen?

Nun, in unserem „normalen“ Schulsystem mit all seinen Anforderungen an das, was ein Schüler oder eine Schülerin zu „leisten“ hat, ist ein solches Paradies kaum vorstellbar.

Ganz abgesehen davon, dass Schüler, die ihr ganzes Schulleben nichts anderes kennengelernt haben, als eine vorgegebene Leistung zu erfüllen, mit so viel Freiheit erst einmal überhaupt nichts anfangen könnten. Sie würden sich zunächst einmal völlig überfordert fühlen, weil sie meinen würden, hinter dieser seltsamen Art von Freiheit würde ein Anspruch stehen, in der „richtigen“ Art und Weise frei zu sein. Sie kennen nur unsere Einteilung in „richtig“ und „falsch“, sie haben gar nicht gelernt, in sich selbst zu forschen, was sich *für sie* richtig anfühlt, was *für sie* „richtig“ ist. Nach all den Vorgaben, nach der jahrelangen Gängelei wären sie zunächst einmal gar nicht in der Lage, etwas „Sinnvolles“ zu tun, ihre Freiheit „sinnvoll“ einzusetzen, sinnvoll in Bezug auf die vorgegebenen Ziele.

Nein, ihre Seele würde sie zunächst einmal die Freiheit testen lassen, sie erforschen lassen, was das für eine Freiheit ist, ob man ihr trauen kann. Sie würde sie die Freiheit in alle Richtungen ausprobieren lassen – eine Horrorvorstellung für die meisten Lehrer und Eltern.

Und erst nach einer langen Zeit, einer Zeit des Erforschens, des Ausprobierens, des Neuland-betretens, würden sie beginnen, das zu tun, was ihnen entspricht. Dann würden sie entdecken, dass Lernen Spaß machen kann, dass es etwas ganz Natürliches ist, das ganz von selbst geschieht. Vermutlich würden sie sich wieder erinnern an den Lerneifer, den sie als kleine Kinder hatten, bevor sie in die Lernmaschinerie gerieten, die im Gleichschritt für alle all ihre Kreativität im Keim erstickte. Und sie würden wieder anknüpfen an ihre Kreativität, an ihre Begeisterung und die Freude am eigenständigen Tun. Sie würden wieder anknüpfen an ihren eigenen Lebensfaden, der für viele wie durchtrennt war. Sie würden wieder anknüpfen an ihre Fähigkeit zu sein, ohne sich bedroht zu fühlen. Sie könnten endlich wieder sie selbst sein.

Wollen wir ihnen das ermöglichen? Haben wir den Mut, uns darauf einzulassen, dass sie all die Schichten der Vergewaltigung abtragen müssen, um sich selbst wieder zu finden?

Solange wir uns selbst jeden Tag vergewaltigen, können wir das nicht. Solange wir uns selbst ständig antreiben, solange wir uns selbst nicht sein lassen können, macht uns das viel zu viel Angst, die Kontrolle aufzugeben und uns auf das Unwägbare einzulassen, auf all die lange verdrängten Gefühle, all die Wut, all die Verzweiflung, die so lange unterdrückt worden sind.

Erst wenn wir beginnen, uns auf uns selbst einzulassen, können wir es aushalten, uns auf die uns anvertrauten Kinder einzulassen. Erst wenn wir wieder begonnen haben, uns selbst zu vertrauen, können wir auch den Kindern vertrauen, können wir wieder darauf vertrauen, dass sie „wissen“, was sie hier wollten, und dass sie ihren Weg auch finden werden.

Wenn wir Veränderungen herbeiführen wollen, dann ist unser Weg unweigerlich gekoppelt mit einer umfassenden Ehrlichkeit uns selbst gegenüber. Erst wenn wir beginnen, die Verantwortung für uns selbst zu übernehmen, für alle unsere Gefühle, für alles, was wir sind, sind wir in der Lage, uns den Gefühlen der Kinder zu stellen. Denn wenn wir wissen, dass wir nur für unsere eigenen Gefühle verantwortlich sind, dass die Umwelt uns all das spiegelt, was wir in uns tragen, können wir die Gefühle der Kinder bei ihnen lassen, ohne uns dafür verantwortlich zu fühlen. Damit sind wir mehr und mehr in der Lage, die Gefühle der Kinder auszuhalten, wenn sie an die Oberfläche kommen.

Alle Gefühle, die wir selbst verdrängen, können wir im Außen nicht ertragen, weil sie uns an unsere nicht gelebten Gefühle erinnern, und das kann sehr schmerzhaft sein.

Je mehr wir aber verstehen und selbstverständlich fühlen können, dass die Gefühle der anderen zwar Gefühle bei uns auslösen, dass wir aber nicht verantwortlich sind für die Gefühle der anderen, sondern nur für unsere eigenen, desto mehr sind wir in der Lage, den Gefühlen der anderen einfach mit Mitgefühl zu begegnen. Dann können sie sein und wir können mit ihnen sein, ohne Erwartung, ohne Wertung, ohne Abwehr.

Und dann kann Heilung geschehen auf allen Ebenen.

## 31. Sich einlassen auf sich selbst

Nun, lieber Leser, wie steht es? Bist du bereit, dich einzulassen? Bist du bereit, dich auf dich selbst einzulassen? Bist du bereit, dich all dem zu stellen, was lange verdrängt war?

Bist du wirklich bereit, dich selbst anzunehmen mit allem, was du bist?

Das klingt nach *tun*, nicht wahr? Nach tun und Stress.

Und genau hier liegt der Gedankenfehler. Es geht eben nicht mehr um das Tun, um das Noch-mehr-tun und Noch-mehr-tun. Nein, es geht darum, die Dinge, die sind, *sein* zu lassen, eins nach dem anderen, Stück für Stück, Schritt für Schritt.

Das geht nicht von heute auf morgen. Was so lange verdrängt war, tief im Inneren versteckt, kann nicht auf einmal an die Oberfläche kommen. Es kann nur Stück für Stück an die Oberfläche kommen, in der ihm gemäßen Zeit, in der dir gemäßen Zeit.

Gewiss, dazu braucht es Mut, den Mut, die Entscheidung zu fällen, sich immer wieder einzulassen auf sich selbst. Und das ist ein gewaltiger Schritt für viele, der zunächst Angst macht. Denn wer kann schon wissen, was sich da so alles zeigen wird, wenn wir es lassen in uns selbst?

Wir kennen den Weg nicht, zumindest nicht bewusst. Aber wir können uns darauf verlassen, dass unsere Seele den Weg kennt, dass unsere Seele uns den Weg weisen wird, wenn wir uns darauf einlassen. Wer sonst sollte uns den Weg zeigen? Wenn wir wirklich eigenständige Individuen sind, dann kann uns niemand im Außen den Weg zeigen. Dann können wir ihn nur selbst finden, wenn wir uns einlassen auf uns selbst.

Das heißt, es geht immer wieder darum, das, was sich in uns zeigt, jedes Gefühl, jede Regung, jeden Gedankenimpuls, einfach sein zu lassen, sie nicht wieder zu verdrängen, sondern sie zuzulassen, sie bewusst wahrzunehmen,ohne sie gleich wieder zu verurteilen, als nicht „in Ordnung“ abzutun. Und dazu brauchen wir Zeit, Zeit, zu sein und wahrzunehmen, Zeit, zu sein und wertzuschätzen, was sich in uns zeigt.

Und je mehr wir uns das zugestehen können, je mehr wir uns selbst sein lassen und wertschätzen können, desto gelassener und selbstverständlicher können wir das mit unseren Mitmenschen tun.

Wir sind es gewohnt zu denken, immer und überall zu denken. Und so hetzen wir in Gedanken durch unser Leben mit all den Folgen für unseren Körper, die wir so gut kennen.

Hören wir auf damit! Wie? Indem wir entscheiden, etwas zu verändern, indem wir entscheiden, uns immer wieder Zeit zu geben, wann immer wir bewusst feststellen, dass wir uns wieder antreiben. Wir brauchen Zeit, um prüfen zu können, ob wir etwas tun wollen, weil wir das so gewohnt sind, weil „man“ das von uns verlangt, oder ob wir es wirklich tun wollen, ob es wirklich notwendig ist.

Vielleicht wollen wir ja bestimmte Dinge tun. Und je mehr uns das bewusst ist, desto leichter und unbeschwerter können wir sie tun, desto klarer können wir sie unterscheiden von den Dingen, die wir eigentlich überhaupt nicht tun wollen, weil sie uns überhaupt nicht entsprechen. Dann können wir uns immer bewusster entscheiden, die Dinge zu tun, die uns entsprechen, die uns selbst zufriedenstellen. Dann können wir unseren Fokus neu justieren, und unsere Welt bzw. unser Erleben wird sich verändern.

Solange wir nur jammern, verändern wir nichts. Im Gegenteil, wir manifestieren die Dinge, auf die wir unseren Fokus richten, immer wieder neu. In dem Augenblick, in dem wir unseren Fokus ausrichten auf das, was wir gern tun wollen, fließt unsere ganze Energie in das, was wir wollen, und nicht in das, was wir nicht wollen. Und so stärken wir das, was wir wollen, statt das zu stärken, was wir nicht wollen.

Je mehr wir das tun, desto stärker wird sich unsere Welt verändern, desto mehr wird sie in unserem Erleben dem entsprechen, was wir sind, was wir fühlen und was wir denken. Und desto erfreulicher wird sie sich für uns gestalten, unabhängig davon, wie sie sich für andere gestaltet. Wir sind nur die Schöpfer *unserer* Welt, *unserer* Lebensrealität. Und wir erschaffen mit jedem Gedanken, mit jedem Gefühl, mit jeder Entscheidung.

Vergessen wir nicht, wir sind nur für uns selbst verantwortlich, für unsere eigenen Gefühle, Gedanken und Taten.

## 32. Sich *sein* lassen führt zu Bewusstwerdung

Und wenn wir nur für uns selbst verantwortlich sind, dann können wir auch nur bei uns selbst beginnen, etwas zu verändern, wir können nur bei uns selbst beginnen, bewusster zu werden, mehr und mehr Bewusstheit zu erlangen, ganz einfach, indem wir uns selbst immer bewusster wahrnehmen. In dem Augenblick, indem ich mich auf mich selbst besinne, mich sozusagen selbst zu meinem Forschungsprojekt erkläre, richte ich das Licht all meiner bereits vorhandenen Bewusstheit auf all das, was in mir ist. Und so kann auch das, was noch im Dunkel der Unbewusstheit schlummert, ins Licht der Bewusstheit rücken, ganz einfach, weil es in den Lichtkegel der Bewusstheit gerät. Und so kann es Stück für Stück geschehen, dass immer mehr Anteile meiner selbst, die über viele Jahre ein ungeliebtes Schattendasein gefristet haben, nun ins Licht rücken dürfen, so dass sie gesehen werden können, statt weiter unerkannt im Dunkel der Unbewusstheit ihr Unwesen zu treiben.

Das ist gemeint mit Bewusstwerdung, mit *sein* lassen. Diese unbewussten Anteile in uns waren immer schon da. Sie haben unser Verhalten immer schon geprägt, uns oft genug zu Verhaltensweisen gebracht, die bei Lichte besehen gar nicht unserer Absicht entsprachen.

Wer von uns möchte denn bewusst immer nur arbeiten, oder besser ausgedrückt, immer nur unter Druck arbeiten? Wer von uns sehnt sich nicht danach, ein freier Mensch zu sein, freibestimmt in seinem Handeln, nicht fremdbestimmt? Jeder von uns sehnt sich danach, endlich frei zu sein, tun und lassen zu können, was wir wirklich wollen.

Doch dazu müssen wir uns selbst erst einmal lassen können, uns mit allen Anteilen unserer selbst lassen können. Sonst setzen wir uns selbst immer wieder in einer bestimmten Art und Weise unter Druck. Sonst hören wir nicht auf mit unseren Erwartungen an uns selbst, wie wir sein sollten.

Und solange wir uns selbst unter Druck setzen, in einer bestimmten Art und Weise zu sein, tun wir genau dasselbe mit unseren Mitmenschen, ohne dass wir es überhaupt bemerken.

Wenn unsere Mitmenschen anders sind als wir, andere Meinungen haben, andere Überzeugungen vertreten, können wir das zum Teil nicht aushalten, weil wir uns in unserer übernommenen Überzeugung in Frage gestellt sehen. Wenn wir selbst sicher sind, da wir unserer selbst sicher sind, weil wir mit jeder Faser unseres Seins spüren und damit wissen, was für uns richtig ist, können wir dem anderen seine Meinung, seine Überzeugung zugestehen, denn es stellt unseren Standpunkt nicht mehr in Frage. Es stellt *uns* nicht mehr in Frage, dass jemand anderer eine andere Meinung vertritt.

Solange wir nur nach übernommenen Meinungen und Überzeugungen handeln, sind und bleiben wir fremdbestimmt, unabhängig von unserer Umgebung. Wir sind nicht frei, wirklich frei in unserem Denken, Fühlen und Handeln.

Erst wenn wir uns unserer übernommenen Überzeugungen, all unserer Glaubensmuster bewusst geworden sind, sind wir in der Lage, das in uns zu finden, was wir wirklich wollten, was wir hier wirklich leben wollten. Und dann kann uns nichts und niemand mehr erschüttern. Wenn wir ganz zu uns gefunden haben, wenn wir all unsere Masken und Verkleidungen abgelegt haben, kann uns niemand mehr die Maske vom Gesicht reißen. Und dann müssen wir uns nicht mehr schützen. Dann erst können wir endlich sein, wie wir sind, wie wir im tiefsten Herzen sind, wunderbar, einfach nur wunderbar, wunderbare göttliche Wesen, mit sich selbst vereint.

Das ist das Ziel unseres Lebens, das ist das Ziel eines jeden menschlichen Lebens auf diesem Planeten: die Einheit wieder in uns zu finden, sozusagen alle Anteile, alle Puzzleteile unserer selbst wieder zu finden und zu dem einen großen Gesamtkunstwerk zusammenzusetzen, wieder zusammenzusetzen zu dem **Einen**, aus dem es entstanden ist.

Das ist das Ziel, und dieses Ziel ist nicht mit *Tun* zu erreichen, sondern vornehmlich durch das *Sein*.

Also können wir uns entspannen, wir haben nichts mehr zu *leisten*, um dieses Ziel zu erreichen, wir dürfen einfach sein mit allem, was wir sind. Und je mehr wir sind, je mehr wir uns einfach sein lassen können, desto mehr kann das Vertrauen wachsen, dass wir aus unserem Sein mit traumwandlerischer Sicherheit genau das tun werden, was uns ganz und gar entspricht. Lassen wir uns sein, immer mehr, Stück für Stück, nach unserem Tempo, nach unserer Zeit. Lassen wir uns sein, wie wir sind, und genießen wir das Sein mit allem, was wir sind. Wir sind so vielfältig, so wunderbar, so einzigartig.

Beginnen wir, uns an dem zu erfreuen, was wir sind, und wir werden die Freude entdecken, uns immer mehr zu erschließen, was uns wirklich ausmacht.

Dann werden wir mit Sicherheit wissen, was für uns richtig ist, was uns entspricht, und wir werden unseren Teil zum Ganzen selbstverständlich beitragen, aus uns selbst heraus.

Dann sind wir wirklich frei. Dann sind wir ganz wir selbst, denn dann haben wir uns eingelassen auf uns selbst, auf alles, was wir sind, ohne Anspruch, ohne Erwartungen an uns selbst. Dann sind wir wirklich frei, die zu sein, die wir sind. Dann sind wir wirklich frei.

# 33. Das Leben folgt unserer Ausrichtung – richten wir den Fokus auf das Neue

Und wenn wir selbst wirklich frei sind, ist es ein Leichtes für uns, andere in ihrem Sein zu belassen. Wenn wir uns nicht mehr bedroht fühlen durch ein anderes Sein in unserem Sein, wenn wir einfach sein können, können wir wirklich sein, was wir sind.

Dann müssen wir nicht mehr so tun, als ob wir etwas wären, was wir gar nicht sind.

Und das setzt ungeahnte Energien frei. Denn einfach sein zu können, kommt einem ungehindert dahinfließenden Strom gleich, einem Strom, der einfach ist, der seine Energie einfach dahinfließen lässt, ohne Hindernisse, mal schnell, mal langsam, mal viel, mal wenig Wasser führend, einem Strom, der einfach fließt.

Wenn wir einfach fließen können, unser Leben dahinfließend verbringen können, ohne unsere Energie in Widerstand aufzubrauchen, sind wir in der Lage, all unsere Kraft einzusetzen für das, was uns wirklich wichtig ist, ohne uns zu verausgaben. Wenn unser Handeln aus uns selbst geschieht, im Einklang mit uns selbst, kann es mit dem natürlichen Lebensfluss geschehen, nicht gegen den Strom. Wenn unser Handeln aus uns selbst geschieht, aus unserem Sein im Einklang mit uns selbst, wenn wir uns der Lebensenergie in uns ohne Widerstand hingeben können, kann Wunderbares in unserem Leben geschehen. Dann ist es so, als ob alles unserem Tun gehorcht, als ob eine große Hand alles in unserem Leben zu unserem Besten ordnet und geschehen lässt. Dann fühlen wir uns wahrhaft geborgen und getragen, in jedem Augenblick unseres Seins. Dann kann immer mehr das Gefühl in uns Raum greifen, dass wir mit allem verbunden sind, dass wir Teil des wunderbaren großen Ganzen sind, wichtiger, unentbehrlicher Teil, der das Ganze erst vollkommen, vollständig macht. Dann fühlen wir unseren Wert in unserem Sein, der von unserem Tun vollkommen unabhängig ist.

Das ist wahres Sein mit allem, was wir sind. Das ist wirkliches Leben, unabhängig davon, ob wir es schon fühlen können oder nicht. Das ist wirkliches Sein im Einklang mit uns selbst und dem großen Ganzen. Und das ist Erfüllung. Es ist Erfüllung all unserer Träume, all unserer Sehnsüchte. Das ist es, was wir suchen, unser ganzes Leben lang. Und wir können es finden, wenn wir uns auf die Suche machen in uns selbst. Wenn wir uns mehr und mehr sein lassen, mit allem, was wir sind.

Hören wir auf mit unserer Suche im Außen nach dem, was wir im Außen nicht finden können. Hören wir auf mit all unserer Geschäftigkeit, um Eindruck zu schinden, uns aufzureiben im Widerstand gegen das, was ist. Hören wir auf mit unserem Kampf für das „Gute“, für das „Richtige“. Solange wir nicht annehmen können, was ist, werden wir niemals Frieden finden.

Solange wir nicht annehmen können, was ist, in uns und um uns herum, werden wir niemals im Frieden sein mit uns selbst und der Welt.

Hören wir auf, das Alte zu bekämpfen. Es ist, wie es ist. Wenden wir uns dem Neuen zu, das darauf wartet, von uns entdeckt zu werden, in uns und um uns. Lassen wir das Alte sein. Es hat seine Zeit gehabt, es wird von selbst gehen, je eher wir aufhören, es mit der Energie unseres Widerstandes zu füttern und aufzubauschen, es von Neuem mit Leben zu füllen.

Unser Leben folgt unserer Ausrichtung, unserem Fokus. Richten wir den Fokus auf das Neue in unserem Leben, nicht auf das Alte. Lassen wir es sein, dann kann es sich in Frieden verabschieden. Geben wir dem Neuen Raum, Kraft und Energie, indem wir uns darauf ausrichten, immer wieder, immer neu. Lassen wir es in unser Leben treten, indem wir uns darauf ausrichten und aufhören zu kämpfen.

Wir haben schon so lange gekämpft. Wir haben schon so lange unsere Energie mit dem Kampf *gegen* etwas verbraucht. Wir haben schon so lange vergebens versucht, die Dinge in unserem Leben unter Kontrolle zu halten. Erkennen wir doch endlich an, dass das unmöglich ist. Das ist so, als wollten wir unseren Strom des Lebens mit Staudämmen eindämmen und daran hindern zu fließen. Über kurz oder lang wird jeder Damm einbrechen, überflossen werden. Das Leben lässt sich nicht kontrollieren, in feste Bahnen lenken. Es kann nur fließen aus unserem Sein im Einklang mit uns selbst. Es kann nur aus uns selbst geschehen im Einklang mit uns selbst. Erkennen wir das endlich an und lassen wir uns sein, lassen wir unser Leben geschehen in dem Vertrauen, dass das für uns „Richtige" geschieht, wenn wir es lassen. Vertrauen wir uns dem Strom unseres Lebens an und lassen wir es fließen. Wir werden in jedem Fall unser selbst gestecktes Ziel erreichen. Darauf können wir uns verlassen. Lassen wir los und lassen wir geschehen, was in unserem Leben geschehen will, begrüßen wir das Neue jeden Tag unseres Lebens. Begrüßen wir das Neue in dem Vertrauen, dass es uns genau das bringt, was wir für unsere Bewusstwerdung brauchen. Lassen wir geschehen und empfangen wir, was zu uns kommt. Lassen wir uns ein auf uns selbst, auf alle Facetten unseres so reichen Lebens. Lassen wir uns sein mit allem, was wir sind. Und genießen wir, was wir *sind*, jeden Tag neu.

## 34. Unser inneres Kind wird jubeln und unser Leben leicht machen

Nun gut, lassen wir das noch einmal auf uns wirken. Lassen wir das noch einmal in uns fühlbar werden, so dass wir es mit jeder Faser unseres Seins verstehen, weil wir es *fühlen* können: Wir müssen nichts *tun*, nicht noch mehr *tun*, wir dürfen *sein*. Wir dürfen *sein* mit allem, was wir sind.

Wir selbst geben uns die Erlaubnis zu sein, niemand anderer kann das tun. Sobald wir uns selbst die Erlaubnis geben und selbstverständlich *sind*, wie wir sind, werden die anderen uns selbstverständlich so akzeptieren, wie wir sind. Sobald wir aufhören, uns für das, was wir sind, zu verurteilen, werden auch unsere Mitmenschen aufhören, uns für das zu verurteilen, was wir sind. Denn da wir uns nicht mehr verurteilen, haben wir auch keine Angst mehr vor der Verurteilung durch andere. So ziehen wir genau das in unser Leben, was uns, unserem Inneren, entspricht. Die Welt kann uns nur spiegeln, was wir sind, was wir in uns tragen. Und wenn wir keine Angst vor Verurteilung mehr in uns tragen, wird uns niemand mehr verurteilen.

Lassen wir uns noch einmal darauf ein: Wir dürfen *sein*, wie wir sind. Geben wir uns selbst die Erlaubnis, immer wieder, hören wir auf, uns zu verurteilen, uns anzutreiben, uns selbst niederzumachen. Geben wir uns endlich die Erlaubnis, auf die wir bereits unser ganzes Leben gewartet haben: Lassen wir uns sein. Und unser inneres Kind wird jubeln. Es wird tanzen und jubeln und uns all die Lebendigkeit wiedergeben, die wir all die Jahre so sehr unterdrückt haben, dass wir sie fast verloren hätten.

Wann haben wir uns das letzte Mal so richtig lebendig gefühlt? So lebendig, dass jede Zelle in uns pulsiert und wir vor lauter Lebendigkeit und Freude nur noch jubelnd und tanzend durch das Leben hüpfen könnten?

Wie lange ist das her, dass wir uns sein ließen und wirklich lebendig waren? Wie lange haben wir das schon ausgehalten, so lebendig begraben zu sein und nur noch zu funktionieren? Wie haben wir uns einschränken lassen in unserer Lebendigkeit, in unserer Lebensfreude.

Wir haben das Recht, lebendig zu sein. Wir haben das Recht, uns zu freuen, voller Freude und Lebendigkeit durch das Leben zu gehen.

Und erst, wenn wir uns selbst das Recht zugestehen, lebendig zu sein, quietschlebendig zu sein, können wir es anderen auch zugestehen, ohne uns unwohl zu fühlen.

Erst wenn wir unsere eigene Lebendigkeit und Lebensfreude wieder zulassen, werden wir unsere Kreativität wieder befreien, und wir werden staunen, was so alles in uns steckt.

Lassen wir uns sein, geben wir uns die Erlaubnis, immer wieder, und all unsere Griesgrämigkeit wird sich auflösen, so wie Butter in der Sonne dahinschmilzt.

Wir werden die Freude in unserem Leben wiederentdecken als selbstverständlichen Begleiter und Lebensmotor für all unser Tun, das dann leicht, so viel leichter geschehen kann.

Lassen wir uns ein auf uns selbst, immer wieder. Lassen wir uns sein in jedem neuen Augenblick. Geben wir uns die Erlaubnis zu sein, die wir sind: kraftvolle, wunderbare Wesen voller Lebensenergie und Lebensfreude.

Das klingt zu utopisch in all dem Zwang, der uns umgibt? Wer zwingt uns? Niemand außer uns selbst! Niemand außer uns selbst kann uns zu irgend etwas zwingen, wenn wir uns nicht zwingen lassen. Wir sind selbstbestimmte, freie Wesen, wenn wir uns auch die Freiheit oft noch nicht wirklich zugestehen. Die Entscheidung liegt bei uns, daran wird sich nichts ändern, wie wir es auch drehen und wenden.

Doch beginnen wir in kleinen Schritten. Beobachten wir uns immer wieder, fragen wir uns immer wieder: Möchte ich das wirklich? Warum tue ich das? Bin ich bereit, die Konsequenzen auf mich zu nehmen, die Veränderungen, die sich mit meinem veränderten Verhalten automatisch in meinem Leben ergeben werden?

Doch vergessen wir nicht: Sobald wir mehr und mehr zu uns selbst stehen können, werden sich mehr und mehr Veränderungen in unserem Leben wie von selbst ergeben. Mit der Veränderung in uns selbst wird sich automatisch eine Veränderung im „Außen" einstellen, so dass wir gar nicht viel zu *tun* brauchen, wenn wir uns in unserem Sein verändern.

Das, was uns im Moment noch so viel Angst macht, das Unwägbare, das sich einstellen könnte, das nicht Kontrollierbare, wird uns nicht mehr ängstigen, wenn wir zu uns selbst stehen können, wenn wir uns darauf verlassen können, dass uns unsere Seele immer nur das zuführt, was zu unserem Lebensplan gehört. Je mehr wir uns auf uns selbst einlassen können, desto mehr werden wir erfahren, dass unser Vertrauen in unsere Seele gerechtfertigt ist, dass wir ihr immer und überall vertrauen können, dass sie uns nur das zuführt, was zu uns gehört.

So kann unser Vertrauen wachsen, dass wir in unserem Leben gar nichts verpassen können, dass wir immer das in unserem Leben vorfinden werden, was uns dazu verhilft, in uns selbst zu wachsen und zu reifen und mehr und mehr Bewusstheit zu erlangen, die Bewusstheit, dass wir selbstbestimmte, mächtige Wesen sind.

## 35. Selbstwert – ohne Leistung

Und wenn wir uns einlassen auf uns selbst, wenn wir uns wirklich einlassen auf uns selbst, werden wir beginnen, unseren Selbstwert zu spüren, werden wir ihn als etwas ganz Selbstverständliches in unserem Sein wahrnehmen, nicht als etwas, das wir uns zu „erarbeiten“ haben, sondern als etwas, das uns innewohnt, ganz selbstverständlich. Dann können wir uns nicht mehr ständig in Frage gestellt fühlen, dann können wir endlich aufatmen als freie Wesen, die wir sind. Denn dann werden wir „wissen“, weil wir es *fühlen* können, dass wir wertvoll sind, ein Jeder von uns, dass wir wertvoll sind, so wie wir sind, unabhängig davon, wie wir sind, wie wir uns fühlen, was wir tun. Es wird ganz einfach Bestandteil unseres Seins sein, die Sicherheit, die Gewissheit, dass wir wertvoll sind, wunderbare, wertvolle Wesen.

Stellen wir uns das einmal für einige Augenblicke vor, versuchen wir uns vorzustellen, wie es sich anfühlen könnte, sich wertvoll zu wissen, ohne irgendetwas leisten zu müssen, ohne irgendetwas „richtig“ machen zu müssen. Einfach sein zu können und sich wohlzufühlen, unabhängig von den äußeren Umständen, sich nicht getrieben zu fühlen, dies und das noch an Ansprüchen erfüllen zu müssen, um wenigstens ein bisschen anerkannt zu sein.

Das ist wahre Freiheit, eine Freiheit, die wir nur *in* uns finden können, niemals im Außen. Wir können im Außen in völliger Freiheit leben und uns im Inneren so eingeschlossen fühlen wie im engsten und bedrückendsten Gefängnis. Wir können in uneingeschränkter äußerer Freiheit leben als selbstbestimmter freier Mensch und dabei doch so unfrei sein, als würden wir ständig von einer ganzen Heerschar strengster und unnachgiebigster Aufseher angetrieben, bis zur äußersten Erschöpfung.

Die meisten von uns werden angetrieben, werden gehetzt zu noch mehr Leistung, zu noch mehr Pflichterfüllung, zu noch mehr Normerfüllung. Und wehe, wir erfüllen die „Norm“ nicht, die vorgegebene „Norm“, wehe uns, wenn der innere Zuchtmeister die Knute über uns schwingt und uns verurteilt, doch wieder nicht zur Zufriedenheit aller geschafft zu haben, was „man“ von uns verlangt.

Seien wir doch einmal ehrlich zu uns selbst: Können wir uns in Frieden lassen? Können wir uns in Frieden *sein* lassen, ohne uns wieder und wieder anzutreiben, uns zu dem, zu diesem und jenem, zu immer noch etwas anderem anzutreiben, um eine irgendwie geartete „Norm“ zu erfüllen? Können wir uns einfach in Frieden lassen, in jedem Augenblick unseres Lebens, in *jedem* Augenblick unseres Lebens?

Im Schlaf vielleicht, wenn der bewusste Verstand ausgeschaltet ist, oder in besonderen Momenten, mehr aber doch wohl kaum.

Wie können wir dann behaupten, freie Menschen zu sein? Wie können wir von Freiheit sprechen, die wir anderen Menschen bringen wollen, wenn wir selbst so unfrei sind?

Wie wollen wir Kinder zu freien, mündigen Bürgern erziehen, wenn wir selbst so unmündig sind? Wie wollen wir Beispiel sein, an dem Kinder und Jugendliche sich orientieren können, um selbst freie, mündige Bürger zu werden?

Wir müssen kläglich scheitern, solange wir uns nicht in uns selbst befreien, solange wir es vermeiden, uns selbst auf die Schliche zu kommen, all unseren vernichtenden Werturteilen, all unseren einschränkenden Glaubenssätzen, all unserer Falschheit vor uns selbst.

Wie lange wollen wir diese Spielchen noch spielen mit uns selbst?

Wir lange wollen wir uns selbst noch einsperren in das Gefängnis unserer Glaubenssätze, unserer limitierenden Überzeugungen? Wollen wir denn nie frei werden, freie, mündige, selbstbestimmte Bürger?

Wir haben den Auftrag, unsere Kinder zu freien, mündigen Bürgern zu erziehen. Wie sollen wir das tun, solange wir selbst noch so unfrei sind? Wir können anderen keine Freiheit zugestehen, wirkliche Freiheit zugestehen, solange wir selbst noch so unfrei sind.

Solange wir uns selbst so sehr auf den Fersen sitzen, macht uns die Freiheit anderer Angst, denn je freier unsere Mitmenschen sind, desto weniger lassen sie sich manipulieren, desto weniger lassen sie sich einschüchtern, desto weniger lassen sie sich von uns einflüstern, dass sie unfähig oder dumm sind. Ein wirklich freier Mensch wird uns nur verständnislos und mitleidig ansehen, wenn er unser Werturteil über ihn vernimmt, er wird sich jedoch davon nicht beeindrucken und schon gar nicht einschüchtern lassen.

Ein wirklich freier Mensch lässt sich nicht innerlich einsperren, er lässt sich nicht gegen sein Gefühl zu Dingen verleiten, die er gar nicht tun will. Ein wirklich freier Mensch ist frei in seinen Entscheidungen, in seinem Sein, unabhängig von äußeren Umständen.

# 36. Unabhängigkeit und Vorbild-sein

Nun, lieber Leser, was geht in dir vor? Wird dir bewusst, zum ersten Mal in deinem Leben wirklich bewusst, wie unfrei du bisher in deinem Leben warst? Wird dir bewusst, in welchem Maße du dich selbst gegängelt, dich selbst angetrieben hast, dich selbst unter Druck gesetzt hast in vielfältiger Weise?

Und wird dir nicht auch bewusst, dass du gar nicht wusstest, wie du Freiheit hättest erlangen sollen? Du meintest, du seiest frei, bist du doch Bürger eines freien Landes. Du meintest, du seiest frei, abgesehen von den lästigen Verpflichtungen, die dein Job und das Leben nun mal mit sich bringen.

Nun aber wird dir bewusst, auf tiefen Ebenen deines Seins mehr und mehr bewusst, dass du selbst es warst, der dich unfrei gehalten hat, weil du Glaubenssätze und Überzeugungen, wie das Leben ist und zu sein hat, ungeprüft übernommen hast.

Nun, mit dieser Bewusstheit ist es nicht mehr möglich, so weiterzuleben wie bisher.

Wenn du dir jeden Tag immer aufs Neue bewusst wirst, wie du dich gängelst, wie sehr du Angst hast, verurteilt zu werden, wird sich ganz von selbst etwas verändern, und zwar sogar sehr viel schneller, als du dir im Moment vorzustellen vermagst.

Dir wird immer häufiger klar werden, was du tust, warum du es tust, bei jeder Unzufriedenheit wird etwas in dir dich daran erinnern, dich zu fragen, ob du unzufrieden bist, weil du gegen dein Gefühl handelst, weil du dich unfrei fühlst, warum du dich unfrei fühlst, wo du dich selbst einsperrst. Und dir wird immer klarer werden, welches die Ursachen deiner Unzufriedenheit sind, und du wirst mehr und mehr den Wunsch verspüren, Dinge zu verändern. Du wirst dich immer weniger fragen, ob du dich traust, Dinge zu benennen, Dinge zu verändern, Dinge zu ignorieren, die nicht mehr zu dir gehören, die deiner neuen Schwingung, deinem neuen Sein nicht mehr entsprechen. Du wirst es einfach tun, ganz selbstverständlich aus dir heraus. Andere werden dich mutig finden, aber das wird dir nicht wichtig sein. Denn je mehr du dir selbst entsprechen wirst, je mehr du im Einklang mit dir selbst sein wirst, desto unabhängiger wirst du von den Bewertungen und Urteilen deiner Umwelt werden.

Und man wird dir folgen. Dein neues Selbstverständnis wird andere bewegen, sich zu fragen, was mit dir los ist, warum du so anders wirkst, so viel mutiger, so viel stärker, so viel selbstbewusster. Du wirst wissen, warum du so viel mutiger, so viel stärker und selbstbewusster bist, aber es wird dir nicht mehr wichtig sein. Für dich wird einzig und allein dein neues Lebensgefühl zählen, deine neue innere Freiheit.

Und man wird dich achten für das, was du bist, je mehr du es mit Selbstverständlichkeit lebst.

Man wird dir das entgegenbringen, worauf du dein ganzes Leben gewartet hast, Achtung und Anerkennung für das, was du bist. Aber auch das wird dir nicht mehr wirklich wichtig sein, da du bereits genug Anerkennung und Respekt von dir selbst erhältst.

Je mehr du dich selbst leben kannst, desto mehr wird es das „Außen" dir zeigen, indem es dir spiegelt, wie du bist.

Und irgendwann wirst du verstehen, dass dir alles möglich ist, dass du in jedem neuen Moment jede mögliche Entscheidung treffen kannst. Und du wirst deine neue Kraft und Stärke leben, selbstverständlich.

Dann wirst du wirklich Vorbild sein, Vorbild, das anderen Richtlinie ist, das anderen hilft, zu sich selbst zu stehen, sich nicht mehr zu verurteilen, sich nicht mehr kleinzumachen.

Denn wenn du dich wirklich lebst, in all deiner Freiheit zu dir stehst, kannst du die Freiheit der anderen ertragen, ja, sogar begrüßen. Es wird dir ein Anliegen sein, die Freiheit, die du gekostet hast, anderen nahezubringen, andere zu ermutigen, sich ihre eigene Freiheit zu erschließen und sie zu leben. Du wirst sie ermutigen, immer wieder, ihre eigenen Stärken zu sehen und anzuerkennen, ihre eigenen Gaben nicht mehr zu verstecken aus Angst, sie seien doch nichts wert.

Wenn du dich selbst anerkennst in allem, was du bist, wirst du keine Angst mehr haben vor der Verurteilung durch andere, und du wirst keine Angst mehr haben vor den Gaben und Talenten anderer. Du wirst wissen, aus dir selbst heraus, dass jeder seine Gaben hat, seine ganz besonderen Gaben und Talente, und du wirst sie selbstverständlich anerkennen können, ohne dich mit anderen zu vergleichen und herabzusetzen.

Und du wirst andere ermutigen, ihren eigenen Weg zu gehen, ihre Einzigartigkeit anzuerkennen und zu leben, unabhängig von der Meinung der anderen.

Du selbst wirst vorangehen als Leitfigur, an der sich andere orientieren können, ohne sich selbst zu verlieren. Denn du wirst ihnen zeigen, was es wirklich heißt, ein selbstbestimmter, freier, mündiger Bürger zu sein.

## 37. Die Informationen des Körpers

Und so kommen wir nun zu dem eigentlich Wichtigen dieses Buches:

Es geht darum, dir selbst immer mehr zu vertrauen, dir selbst und deinen Gefühlen, ja, deinen Gefühlen. Dein Körper ist ein so wunderbares, feines Messinstrument, das dir in jedem Augenblick deines Seins unzählige Informationen gibt. Du „weißt" aufgrund deines Gefühls, ob Dinge stimmig sind für dich, du „weißt", ob sie dir entsprechen oder nicht. Du weißt es einfach. Dein Körper reagiert auf die kleinste Nuance. Wo immer du bist, was immer du auch tust, dein Körper gibt dir immer Signale. Du musst ihm nur lauschen. Solange du mit dir selbst in deinem Kopf beschäftigt bist, wo ein Gedanke den anderen jagt, wirst du die Signale deines Körpers kaum mitbekommen, es sei denn, sie werden „unüberhörbar".

Doch wenn du nur ein ganz klein wenig lauschst, mit deinen Antennen in Verbindung trittst, dich sozusagen öffnest für die Signale deines Körpers, wirst du erstaunt sein, über welch unvorstellbare Intelligenz dein Körper verfügt.

Jede Unstimmigkeit, und sei sie auch noch so klein, wird von deinem Körper registriert und dir übermittelt. Du bekommst ein „komisches" Gefühl, du fühlst dich unwohl in bestimmten Situationen, du hast den Impuls, zu gehen, dich abzuwenden, dich jemandem zuzuwenden.

Wenn du beginnst, dir selbst gegenüber ein wenig achtsamer zu werden, wirst du erstaunt sein, wie viele Informationen dir dein Körper vermittelt.

Beginne, deinem Körper zu lauschen, ihm zuzuhören, statt immer nur in deinem Kopf dem Geplapper deiner unzähligen Gedanken zu lauschen. Dein Verstand mag ein wichtiges Werkzeug sein, dein Körper aber hat dir so viel mehr zu sagen, und vor allem so viel Wichtigeres. Solange du dich vornehmlich von deinen Gedanken leiten lässt, läufst du Gefahr, dich selbst auszutricksen, denn dein Verstand wird für alles, wofür du dich entscheiden willst, logische, einleuchtende Argumente finden. Dein Körper aber lässt sich nicht von logischen Gedanken beeindrucken und umstimmen, dein Körper registriert auch all deine unbewussten Aspekte und macht sie dir fühlbar, so dass du eine weit umfassendere Informationsquelle in ihm vorfindest als in deinem Verstand. Dein Körper ist außerdem in der Lage, Informationen im Außen zu registrieren, von denen dein Verstand nichts, aber auch gar nichts mitbekommt. Dein Körper erspürt eine Gefahr, eine Bedrohung, bevor dein Verstand auch nur die leiseste Ahnung hat, dass du in Gefahr sein könntest.

Dein Körper ist das weit verlässlichere Instrument, das dich informiert. Allerdings musst du dich vor einer Sache hüten, der Verwechslung von Emotionen und Gefühlen mit Wahrnehmungen, die dein Körper dir vermittelt. Emotionen werden in dir ausgelöst aufgrund verschiedener Elemente, die dich zum Beispiel an ein altes Gefühl der Verlassenheit erinnern und dieses Gefühl in dir aktivieren, damit du daran erinnert wirst, dass du dich um dieses Gefühl noch nicht liebevoll gekümmert hast, dass du es beiseite geschoben hast, weil du es nicht fühlen wolltest. Das ist sozusagen nur eine liebevolle Erinnerung, dass da noch ein bisschen „Arbeit" auf dich wartet, wann immer der Zeitpunkt reif ist und du bereit bist, dich diesem Gefühl zu stellen und es zu transformieren. Dieses Gefühl ist aber keine neue Information, was dein Verhalten in dem betreffenden Augenblick betrifft, sondern nur eine Erinnerung an ein altes Gefühl, an eine alte Verletzung. Davon solltest du dich in der betreffenden Situation nicht leiten lassen, sondern es nur als etwas Unerledigtes registrieren, das dich jedoch in der Wahrnehmung der jeweiligen Situation behindert, denn es macht es dir sehr schwer, wahrzunehmen, was ist, ohne es mit der alten Situation zu vermischen. Da mag noch eine alte Wut sein, die noch nie den Raum erhalten hat, zu sein, und sie wird jede mögliche Gelegenheit wahrnehmen, dich daran zu erinnern, dass sie noch nicht befreit worden ist. Wenn du dich aber in der betreffenden Situation nur von deiner Wut leiten lässt, wird sich die alte Situation fast genauso wiederholen, mit all den Gefühlen, die du in der Vergangenheit in der entsprechenden Situation hattest. Doch damals, meist in deiner Kindheit, hatte die Wut keine Möglichkeit, sich zu zeigen, sich und dich zu befreien. Daher zeigt sie sich immer wieder. Heute aber kannst du sie bewusst registrieren und dich entscheiden, dich ihr zuzuwenden, statt sie zu verdammen, wie du das in deiner Kindheit tun musstest. Das kannst du im stillen Kämmerlein tun, du kannst sie bitten, sich dir zu zeigen, sich dir fühlbar zu machen, du kannst sie einladen, sich in deinem Herzen einen ihr angemessenen Platz zu suchen, damit sie endlich gesehen werden und heilen kann.

So kannst du mit jedem deiner Schmerzen, mit jeder deiner Verletzungen verfahren und dich mehr und mehr von alten, dich einengenden Strukturen befreien, in deiner Zeit, in deinem Tempo, in deinem dir angemessenen Tempo.

Und so kannst du frei und freier werden mit jedem neuen Schritt. Dann kannst du immer mehr die Informationen deines Körpers ungefiltert wahrnehmen und sehen, was wirklich ist, nicht das, was du befürchtest. Dann bist du frei und freier, dich selbst und deine Umwelt ohne Filter wahrzunehmen und sein zu lassen. Dann heilst du selbst mehr und mehr und gibst anderen die Möglichkeit, in deiner Gegenwart zu heilen, nur weil du so bist, wie du bist, ohne irgendetwas zu tun.

## 38. Die eigene Befreiung führt zur Freiheit für die anderen

Ja, lieber Leser, und dann kannst du mehr und mehr gewaltfrei mit dir selbst umgehen.

Und das ist die Voraussetzung für einen wirklich gewaltfreien Unterricht.

Selbst wenn du all deinen dir anvertrauten Schülern völlige Freiheit gewähren willst, wirst du das kaum aushalten, solange du selbst noch nicht frei bist in dir.

Denn dann wird das Verhalten der Schüler unzählige nicht geklärte Gefühle in dir aktivieren, alle nicht geklärten Varianten der Angst, des angeschlagenen Selbstwertgefühls, alle alten Verletzungen, die du noch nicht hast heilen können.

Dir würde eine solche Welle alter Gefühle zu schaffen machen, dass du wünschtest, du hättest nie den Entschluss gefasst, deine Schüler wirklich frei bestimmen zu lassen, was sie lernen und tun wollen.

Denn darüber solltest du dir im Klaren sein:

Deine Schüler lernen schnell, sehr schnell, viel schneller als du, was Freiheit für sie bedeutet, denn sie haben ihre Freiheit nicht so lange und so erfolgreich wie du unterdrückt. Sie haben sich noch nicht so lange im „System" aufgehalten, sie sind noch nicht so verbogen und eingeschränkt wie du. Sie haben noch die Erinnerung daran, wie sich Freiheit anfühlt, du hast das doch schon lange vergessen und musst dich erst wieder mühsam daran erinnern.

Dir ist die Unfreiheit so zur zweiten Natur geworden, dass du dir ihrer erst einmal bewusst werden musst, um ihr auf die Schliche zu kommen, um ihre Mechanismen zu durchschauen.

Deine Schüler dagegen „wissen" noch sehr gut, dass sie sich etwas für dieses Leben vorgenommen haben, sie ahnen ihre Freiheit noch in sich, und deswegen müssen sie rebellieren gegen ein System, das sie ihrer Freiheit beraubt. Sie werden immer mehr rebellieren, je mehr dieses System versucht, sie zu noch mehr Leistung zu zwingen, die ihnen nicht entspricht. Sie werden sich verschließen gegen alles, was sie nicht mehr schlucken wollen, weil es unverdauliche Nahrung für sie ist. Und sie werden sich immer weniger einschüchtern lassen, sich immer weniger zwingen lassen.

Das macht dir Angst? Das ist verständlich. Doch das braucht dir keine Angst einzujagen. Denn Schüler haben auch ein sehr feines Gespür für die Authentizität ihrer Lehrer. Sobald sie spüren, dass ein Lehrer oder jedweder andere Erwachsene, der in ihrem Leben „das Sagen" hat, sich aufrichtig bemüht, sich ehrlich um innere und äußere Freiheit bemüht, sind sie sehr kulant, sehr nachsichtig und sehr geduldig, mehr als man das manchmal von uns behaupten kann. Sobald sie spüren, dass sich jemand ernsthaft um sie bemüht, versucht, sie zu verstehen, und versucht, ihre Einzigartigkeit zu sehen und zu schätzen, sind sie sehr, sehr nachsichtig und verständnisvoll. Denn das, was sie suchen, ist dasselbe, was wir suchen: *sein* zu können, einfach *sein* zu können, ohne die Angst, dafür verurteilt zu werden, in Frage gestellt zu werden. Genau wie wir wollen sie nur einfach anerkannt werden in ihrem *Sein*, weniger in ihrem Tun.

Und je mehr wir *sein* können, uns lassen können, desto mehr wird es uns zur zweiten Natur, andere sein lassen zu können. Dann macht es uns keine Angst mehr, den Schülern die Freiheit einzuräumen, selbst zu entscheiden, was und wann sie lernen wollen. Denn sie *wollen* lernen, so wie jeder Mensch lernt, jeden Tag, mehr oder weniger. Wenn jedoch Lernen zum Zwang wird, zum ständigen Zeichen für die Unfreiheit, dann muss man sich nicht wundern, wenn die, die lernen sollen, rebellieren, dass sie sich auflehnen gegen die Fremdbestimmung, gegen die Vergewaltigung. Denn machen wir uns nichts vor, unser Schulsystem mit seinen Noten und Zensuren, mit seiner Bewertung des Menschen und seiner „Leistungen" fragt nicht nach individuellen Begabungen. Es gibt mehr als alles andere eine „Norm" vor und erwartet, dass Schüler und Schülerinnen dieser Norm entsprechen.

„Vogel friss oder stirb“, das ist das Motto unseres Schulsystems. Wo wird da nach individuellen Bedürfnissen gefragt? Wo wird gefragt, ob der „Stoff“ den Bedürfnissen der Schüler entspricht? Der Lehrplan bestimmt, was in den Klassenzimmern gemacht wird, er gibt den Takt vor, der so oft viel zu schnell ist für die Bewältigung des „Stoffes“. Nur wenige Lehrer nehmen sich die Freiheit, die Bedürfnisse der Schüler zu achten und ihren Unterricht danach auszurichten, ohne sich vom Lehrplan, dieser heiligen Kuh, antreiben zu lassen.

Was für eine Verschwendung von Ressourcen, was für eine Verschwendung von Kräften und Begabungen!

Soviel Gewalt, so wenig Achtung vor den Bedürfnissen und dem Sein von Schülern und Lehrern. So wenig Freiheit und Raum für den Einzelnen und seine Bedürfnisse. So wenig Raum für die Entfaltung all der vorhandenen Talente und Begabungen.

Es ist Zeit, das, was ist, anzuerkennen, nichts mehr zu beschönigen und sich nicht mehr hinter dem Lehrplan und all den Vorgaben zu verstecken.

Es ist Zeit, uns selbst zu befreien, Schritt für Schritt, uns mehr und mehr sein zu lassen, uns mehr und mehr anzuerkennen in unserer Einzigartigkeit und unserer Kraft und damit Raum zu schaffen für das Sein der uns anvertrauten Schüler und Schülerinnen, für all ihre Begabungen und Talente, die wir alle brauchen.

# 39. „Liebe deinen Nächsten *wie dich selbst*“

Und es ist Zeit, Bilanz zu ziehen, sich offen und ehrlich zu fragen: Lohnt der ganze Krafteinsatz? Lohnt das ständige Rennen gegen die Zeit, das ständige „dies noch schaffen und das noch machen“, lohnt der ganze Einsatz, wenn man einmal bedenkt, was wirklich dabei herauskommt?

Was kommt denn dabei heraus außer verschlissenen Lehrern?

Verlassen unsere Schüler die Schule erhobenen Hauptes, sind sie vorbereitet auf das Leben, sind sie sich ihres Wertes bewusst, sind sie freie, mündige Bürger, verantwortungsbewusst sich selbst, ihrem eigenen Wohlergehen und dem ihrer Mitmenschen gegenüber?

Haben wir es geschafft, sie in Verbindung zu bringen mit ihren Gaben und Talenten, haben wir sie ermutigt, sie selbst zu sein, ihren eigenen Impulsen zu folgen, dem Ruf ihrer Seele zu folgen, auch wenn der uns gar nicht nachvollziehbar erscheint?

Haben wir sie ermutigt, die Herausforderungen des Lebens gelassen und voller Selbstvertrauen in Angriff zu nehmen, in der tiefen Gewissheit, dass sie auf ihrem Lebensweg gut von ihrer Seele geführt sind? Haben wir sie daran erinnert, dass sie sich bestimmte Aufgaben für dieses Leben gesucht haben, dass sie Erkenntnis finden wollten über ihre Göttlichkeit, über ihre Schöpfermacht?

Wie verlassen Schüler die Schule? Gestärkt für das Leben oder nicht eher orientierungslos, weil man ihnen die ganze Zeit vorgebetet hat, was sie zu machen und zu leisten haben?

Wie sollen sie wissen, welches ihre Begabungen sind? Wie sollen sie wissen, wie sie Orientierung finden können, wie sollen sie sich selbst vertrauen können? Sie haben es nie gelernt, denn niemand hat es ihnen vorgelebt, genauso wenig wie man es uns vorgelebt hat.

Wir entlassen unsere Schüler als unmündige, orientierungslose Bürger, die es gewohnt sind, unreflektiert „Leistungen“ zu erbringen, die man von ihnen verlangt. Sie erfüllen, was man von ihnen fordert, ohne dass ihr Herz dabei beteiligt ist. Sie sind wie Roboter, die man programmiert hat, in einer bestimmten Weise zu funktionieren, nur dass Roboter weniger schnell verschleißen als Menschen.

Menschen brauchen die Verbindung zu ihrem Herzen. Wenn wir unsere Arbeit verrichten, ohne mit unserem Herzen verbunden zu sein, wird unsere Arbeit seelenlos sein, im wahrsten Sinne unmenschlich. Und ohne die Verbindung zu unserem Herzen, zu unserer Seele, verrichten wir unsere Arbeit ohne die Verbindung zum Ganzen, das uns trägt, das uns versorgt mit allem, was wir brauchen, vor allem aber mit Lebensenergie, mit der Liebe des Ganzen. Und ohne Liebe können wir nicht leben, können wir kein menschenwürdiges Leben führen. Ohne Liebe werden wir verkümmern, ohne Liebe fehlt uns die Kraft zum Leben, ohne Liebe sind wir nicht in der Lage, ein glückliches und zufriedenes Leben zu führen. Ohne Liebe fehlt uns die Kraft der Gesunderhaltung unseres Körpers, denn wenn wir ohne Liebe leben, wenn wir uns selbst und andere immer wieder lieblos behandeln, wird unser Körper rebellieren, bis wir den Mangel an Liebe nicht mehr übersehen können.

Wir haben uns lange genug lieblos behandelt. Fangen wir endlich an, uns selbst liebevoll und achtsam zu behandeln. Fangen wir endlich an, uns zu achten und zu respektieren, und die Welt wird uns respektieren. Fangen wir endlich an, unsere Bedürfnisse ernst zu nehmen und sie uns zu erfüllen. Fangen wir endlich an, gut für uns selbst zu sorgen. Entscheiden wir uns endlich dazu, uns liebevoll zu begegnen, uns selbst und damit allen anderen.

Es heißt nicht ohne Grund: Liebe deinen Nächsten *wie dich selbst*. Erst wenn wir uns selbst lieben, uns liebevoll und achtsam behandeln, sind wir in der Lage, auch andere liebevoll und achtsam zu behandeln. Erst wenn wir uns selbst dazu entschließen, unsere Freiheit zu leben, können wir sie anderen zugestehen.

Erst wenn wir selbst mündige Bürger sind, können wir andere zu mündigen Bürgern „erziehen", nicht weil wir es ihnen vorschreiben, dass sie mündige Bürger zu sein haben, sondern indem wir es ihnen vorleben.

Nur was wir uns selbst zugestehen, können wir auch anderen neidlos zugestehen. Erst wenn wir unsere eigenen Ängste anerkennen und uns ihnen stellen, können wir die Angst der anderen erkennen und achten, ohne uns an unsere eigenen nicht erlösten Ängste erinnert zu fühlen. Erst wenn wir uns selbst wirklich wichtig nehmen, wenn wir uns selbst zugestehen, dass wir wertvoll und wichtig sind, können wir uns auch anderen mit einem offenen Herzen zuwenden und sie mit allem, was sie sind, wichtig nehmen, ohne uns betrogen zu fühlen.

Erst wenn wir uns uns selbst selbstverständlich zuwenden, können wir uns anderen zuwenden, ohne dass wir Gefahr laufen, den Mangel an Zuwendung für uns selbst kompensieren zu wollen, indem wir uns als altruistische Menschen darstellen.

Wenn wir etwas verändern wollen, gibt es nur einen Weg, der zum Ziel führt: Wir müssen bei uns selbst beginnen.

## 40. Neues ausprobieren

Ja, lieber Leser, was heißt das nun konkret für dich?

Das kommt auf deine spezielle Situation an, das kommt darauf an, was *du* willst, denn *du* selbst entscheidest in deinem Leben, niemand anderer.

Das heißt, letztlich kannst nur du selbst dir sagen, was als nächstes für dich ansteht, was du als nächstes verändern willst, wie du dich selbst behandeln willst.

Letztlich entscheidest du stets selbst, wie du dich behandelst, ob du dich in Ruhe *sein* lässt oder ob du dich antreibst, ob du dich verurteilst für all das, was du noch nicht hundertprozentig „hinkriegst", oder ob du nachsichtig und geduldig mit dir selbst bist.

Was du jedoch versuchen kannst, ist Folgendes:

Wenn du dir noch einmal vor Augen führst, dass du selbst es warst, der sich für dieses Leben entschieden hat und der sich seinen Lebensplan selbst zusammengestellt hat, dann kann dir das vielleicht helfen, zu verstehen, dass du gar nichts in deinem Leben verpassen kannst, dass immer das auf dich zukommen wird, was deinem Lebensplan entspricht. Dann kannst du dich darauf verlassen, dass sich immer das in deinem Leben zeigen wird, was gerade „dran" ist, was dich dazu veranlasst, den nächsten Schritt zu tun. Dabei hast du jedoch immer die freie Wahl, denn du *bist* ein selbstbestimmtes freies Wesen, auch wenn dir das in diesem Leben oft nicht so erscheint.

Wenn es darum geht, immer bewusster zu erfahren und damit fühlen zu können, dass wir selbstbestimmte freie Wesen sind, dann kannst du in jeder Situation deines Lebens davon ausgehen, dass sie in deinem Leben erscheint, damit du die Chance hast, bewusster zu werden, dir der Mechanismen deines

Lebens bewusst zu werden. Das heißt nun wiederum, dass es in erster Linie darum geht, sozusagen als „Beobachter" dein Leben zu betrachten, um festzustellen – als Beobachter, nicht als Gutachter –, wie du in bestimmten Situationen reagierst, welche Gefühle sich einstellen. Je bewusster du fühlst, was sich in dir zeigt, desto eher wirst du den Mut finden, dich auch tief verdrängten Gefühlen zu stellen, alten Glaubensmustern auf die Schliche zu kommen, und so können mehr und mehr Gelegenheiten in dein Leben treten, die dir zur Bewusstwerdung verhelfen.

Das wird in der nächsten Zeit sowieso geschehen, wenn du aber bewusst an die Sache herangehst, wird das ein sehr viel leichteres Unterfangen für dich werden. Du musst dich dann nicht in unbewusster Weise mit einem „Problem" herumschlagen, sondern du kannst ganz bewusst den Nutzen einer jedweden Situation deines Lebens erkennen.

Sodann kannst du dich ans Experimentieren wagen. Du kannst bewusst neue Situationen in deinem Leben aufsuchen, indem du Neues wagst, zum Beispiel deinen Schülern mehr Freiheit zu gewähren, um zu sehen, was es mit dir und mit ihnen und damit wiederum mit dir macht. Du kannst dich dann ganz bewusst in die neue Situation hineinbegeben, vielleicht sogar offen darüber sprechen und dich überraschen lassen, was sich Neues an Erfahrungen und Erkenntnissen ergibt.

Du könntest zum Beispiel einmal den Lehrplan Lehrplan sein lassen und mit deinen Schülern zusammen selbst etwas versuchen, ohne den Anspruch, dass etwas „Wertvolles" im Sinne des Lehrplans dabei herauskommt.

Gib dir Zeit, einmal in Ruhe zu überlegen, was dir Spaß machen würde, was du schon immer mit deinen Schülern ausprobieren wolltest. Gib dir und ihnen Zeit, etwas Neues zu versuchen, und du wirst erstaunt sein über all die wunderbaren Gaben und Talente, die deine Schüler nie den Raum hatten zu zeigen. Du selbst wirst erstaunt sein, und deine Schüler werden es sein. Und zusammen werdet ihr feststellen, wie viel Spaß „Schule" machen kann, wenn sie Freiheit lässt und nicht vergewaltigt.

Achte jedoch darauf, dass du nicht in der Rolle des allwissenden Lehrers hängen bleibst, wage es, nicht der Wissende zu sein, sei ein Lernender wie deine Schüler, lass von vorgegebenen Konzepten ab und habe den Mut, geschehen zu lassen. Zeige dich offen und ehrlich, lasse dich ein auf das Leben, werde wieder lebendig und erlebe dich selbst neu.

Du wirst dich wundern, wie viel mehr Freude du wieder erleben wirst, wie viel mehr man dich achten und sogar bewundern wird für deinen Mut.

Lasse dich einfach auf dich ein, lasse dich mehr und mehr sein mit allem, was du bist.

Wenn du nicht mit dem Anspruch des allwissenden Lehrers in die Klasse gehst, sondern mit dem Vorsatz, Neues zu versuchen, dich einzulassen auf neues Terrain, wenn du dich darauf einlässt, dich selbst dabei neugierig zu beobachten, deine Gefühle, deine Reaktionen, wird deine eigene Befreiung mit Sieben-Meilen-Stiefeln voranschreiten.

Was kann dir geschehen, wenn du selbst aufhörst, dich für alles, was du nicht „schaffst", zu verurteilen? Was kann dir geschehen, wenn du aufhörst, gegen das Alte, Überholte zu kämpfen, und dich stattdessen auf das Neue einlässt?

Was kann dir geschehen, wenn du deine Angst einfach beobachtest, in dem tiefen Vertrauen, dass du sie lange genug verdrängt hast und dass es nun Zeit ist, auch sie zu befreien?

Du bist, wie gesagt, ein selbstbestimmte, freies Wesen, nichts und niemand kann dich zu irgendetwas zwingen, wenn du nicht einverstanden bist, genauso wenig wie du deine Schüler zwingen kannst, etwas zu tun, was ihnen nicht entspricht.

Du bist ein freies, selbstbestimmtes Wesen. Lebe deine Freiheit, lasse dich nicht länger gängeln und hetzen von einer Vorgabe zur nächsten. Folge dir und deinem Gefühl. Es ist Zeit, dir selbst zu folgen.

# 41. Lobe und entspanne dich

Und verurteile dich nicht mehr, dass du es „noch nicht besser schaffst". Erkenntnis und Umsetzung sind zwei verschiedene Paar Schuhe.

Du magst längst etwas erkannt haben, die Umsetzung fällt dir aber noch sehr schwer, weil du erstens deinen Verstand „umerziehen" musst, damit er nicht ständig in alten Bahnen weiterläuft und damit das alte Verhalten immer wieder heraufbeschwört.

Zweitens kann es gut sein, dass die Erkenntnis über etwas sehr viel Angst in dir freisetzt, weil du dir zum ersten Mal der Tatsache bewusst wirst, dass du dir mit deinem alten Verhalten eine Art „Sicherheitswall" aufgebaut hattest, der dich vor alten schmerzhaften Gefühlen schützen sollte.

Wenn du nun das Neue in deinem Leben umsetzt, läufst du Gefahr, an genau diese alten Gefühle erinnert zu werden, davor hast du Angst. Und so magst du nun erkennen, dass es keinen Sinn macht, dich zu einem neuen Verhalten zu zwingen, nur weil du dein altes Verhalten als Vermeidungsstrategie erkannt hast. Die Vermeidung war lange Zeit notwendig für dich, weil du noch nicht in der Lage warst, die alten Gefühle zu fühlen. Du hast dich zu Recht geschützt vor den alten Gefühlen.

Nun aber bist du gereift und in der Lage, dich deinen Gefühlen sehr viel bewusster zu stellen. Und durch diese neue Bewusstheit kannst du dich nun viel eher in neue Situationen hineinbegeben. Aber lasse dir Zeit, du wirst „wissen", wann du bereit bist. Zwinge dich nicht und vor allem: verurteile dich nicht wieder und wieder für „nicht geschaffte Leistungen".

Wenn du das tust, schwächst und demotivierst du dich.

Lobe dich stattdessen, erkenne an, welchen Weg der Bewusstwerdung du bereits gegangen bist. Das verdient Anerkennung.

Und wie du weißt, haben Lob und Anerkennung eine ganz andere Wirkung als „Tadel".

Doch hüte dich davor, deine Schüler mit der Absicht zu loben, sie zu einem bestimmten, von dir gewünschten Lernverhalten zu bringen. Freue dich an ihren Fortschritten, lasse dich nicht entmutigen, wenn das, was du tust, ihnen nicht entspricht. Du kannst nicht allen Bedürfnissen entsprechen, du kannst sie aber anerkennen dafür, dass sie sind. Und genauso geht es in erster Linie darum, dich und deine Schüler anzuerkennen für das, was ihr *seid*, für das wertzuschätzen, was ihr seid, ohne in Lobhudeleien zu verfallen.

Wie oft loben wir jemanden, weil wir etwas von ihm wollen, etwas von ihm erwarten, ihn uns wohlgesonnen stimmen wollen?

Auch das ist Manipulation, auch das ist in manchen Fällen Vergewaltigung. Wie sollte man jemandem, der einem so nette Dinge sagt, etwas abschlagen können? Der Zwang ist sehr subtil, aber nichtsdestotrotz vorhanden, und auch er wird Widerstand hervorrufen, keinen offenen, sondern einen genauso versteckten wie er selbst ist.

Wie du siehst, geht es immer wieder um das *Sein*, um das ruhige Sein mit dir, in dir, um in Verbindung zu treten mit deinem Inneren, mit der Quelle in dir.

Dort findest du alles, was du suchst, so dass du, wann immer du dich aufladen lässt von dieser inneren Quelle, gestärkt den Anforderungen des Lebens entgegentreten kannst.

Dort findest du alles, alle Hinweise und Impulse, wie du in deinem Leben weitermachen sollst, wie du Hilfe erhalten kannst, wie du Dinge in Angriff nehmen kannst.

Dort findest du Ruhe und Trost, wenn du dich offenen Herzens einfach in dir selbst zurücklehnst, um dich trösten zu lassen.

Dort findest du Kraft, all die Kraft, die du brauchst, um den Anforderungen deines Lebens kraftvoll und freudvoll gegenübertreten zu können.

Dort findest du Zuversicht, wenn du meinst, du wüsstest nicht weiter in deinem Leben.

Alles und jedes, was du brauchst, findest du in der Quelle in dir, vor allem aber die Liebe.

Probiere es aus, nimm dir Zeit, einige Minuten am Tag, lasse dich ein auf dich selbst, öffne dein Herz ganz bewusst für dich selbst und bitte dein Herz darum, dich die Liebe deines Herzens spüren zu lassen. Bitte dein Herz darum, alle deine Zellen wie in einem Jungbrunnen erneuern zu lassen mit der Liebesenergie deines eigenen Herzens. Probiere es aus, und du wirst spüren, welch wunderbare Kraft- und Liebesquelle du in dir trägst.

Du bist ein freies, selbstbestimmtes Wesen, du bist ein freies, machtvolles Wesen.

Lasse dich ein auf dich selbst und spüre diese Macht in dir, spüre diese göttliche Quelle in dir, die niemals versiegt. Lasse dich ein auf dich selbst.

## 42. Halte inne, um zu spüren

Halte immer wieder inne, um dir bewusst zu werden, was du tust und wie du es tust.

Die Tatsache, dass du es schon immer so getan hast, ist kein Grund, es weiter so zu tun wie bisher. Die Dinge ändern sich, du änderst dich, die Umstände ändern sich. Alles ist in stetigem Wandel begriffen. Nichts bleibt, wie es ist.

Und so kann es gut sein, dass du Dinge tust, die sich längst überholt haben, die gar nicht mehr zu dir passen, die gar nicht mehr in diese neue Zeit passen. Diese Dinge gehen dir immer schwerer von der Hand, sie fühlen sich nicht mehr „richtig“ an, und wenn du innehältst, um zu prüfen, was noch zu dir gehört und was nicht, so wirst du immer schneller merken, was dir noch gut tut und was nicht.

So solltest du immer wieder dein Verständnis deiner Lehrerrolle überprüfen, denn in dieser neuen Zeit ändern sich die Dinge, die mit der Freiheit von Menschen zu tun haben, mit ihrer inneren und äußeren Freiheit, besonders schnell. Wenn es auch in unserem altehrwürdigen Schulsystem oft den Anschein hat, dass sich nur sehr wenig bewegt, was die äußeren Strukturen betrifft, so ändert sich doch sehr viel in den Menschen in dieser Zeit und insbesondere in den Schülern. Sie sind, wie gesagt, noch nicht so verbogen, und so können sie schneller auf Veränderungen reagieren, die in ihnen stattfinden.

Sie können schneller und unbefangener auf neue Impulse reagieren, sie spüren sehr viel deutlicher, dass eine Zeit kommen wird, in gar nicht weiter Zukunft, in der Lehrer und Schüler sich auf einer Ebene begegnen werden, in der es nicht mehr um Autoritäten um der Autorität willen gehen wird, sondern um ein gleichberechtigtes, menschliches Miteinander.

In dieser „neuen“ Schule wird es selbstverständlich sein, dass wir Zeit unseres Lebens Lernende sind, dass wir alle das gleiche Ziel in uns tragen: Erleuchtung zu erlangen, Bewusstwerdung über unser Menschsein, Bewusstwerdung über unsere Schöpfermacht, Bewusstwerdung unserer Göttlichkeit.

Dann gibt es keinen typischen „Lehrer“ mehr, dann gibt es nur noch Menschen, die in bestimmten Bereichen ihres Lebens Erfahrungen gesammelt haben, die sie mit anderen teilen können, um anderen ihren Weg zu ihrer eigenen Bewusstwerdung zu erleichtern.

Und dabei kann es gar nicht mehr um irgendeine wie auch immer geartete Bewertung oder Beurteilung gehen. Niemand wird sich mehr anmaßen können, über andere zu urteilen, zu sagen, ob jemand „gut“ oder „schlecht“ ist.

Wie will man auch Bewusstwerdung beurteilen? Welches Radarsystem soll genaue Auskunft geben können über die erlangten oder nicht erlangten Bewusstseinsstufen eines Menschen? Wenn wir eh einzigartig sind, können wir nur auf *unserem* Weg Erleuchtung erlangen, können wir nur *unsere* Meisterschaft über uns selbst erlangen auf *unserem* individuellen Weg.

Andere können uns nur den Weg weisen, indem sie von ihrem eigenen Weg berichten und uns vorleben, welche Erkenntnisse sie gewonnen haben. Gehen müssen wir unseren Weg immer selbst, oder wir bleiben auf der Stelle stehen und wehren uns gegen den Strom des Lebens.

Das ist unsere freie Entscheidung, in jedem Augenblick unseres Seins.

Immer und immer wieder entscheiden wir selbst, in jedem Augenblick unseres Lebens, und jede unserer Entscheidungen hat Auswirkungen auf unser Leben, auf unser Fühlen, auf unser Wohlergehen. Auch wenn wir uns nicht entscheiden, ist das eine Entscheidung, nämlich die Entscheidung gegen eine Entscheidung.

Wie wir es auch drehen und wenden, wir können uns der Eigenverantwortung nicht entziehen.

Wir sind, wie gesagt, freie, selbstbestimmte Menschen mit allen Konsequenzen, die eine solche Freiheit mit sich bringt.

Und gleichzeitig ist es eine solch wunderbare Freiheit, denn sie bedeutet in letzter Konsequenz, dass wir von niemandem abhängig sind, dass uns niemand Vorschriften machen kann, dass uns niemand zwingen kann, Dinge zu tun, die wir nicht tun wollen, die uns nicht entsprechen.

Erkennen wir endlich, dass wir frei sind, frei, zu tun und zu lassen, was immer wir wollen.

Erkennen wir, dass wir selbst unsere Lebensumstände erschaffen, um Bewusstwerdung zu erlangen in der für uns sinnvollsten und effektivsten Weise.

Erkennen wir unsere Eigenverantwortung an und hören wir auf zu jammern. Danken wir stattdessen jeden Tag aufs Neue für die unendliche Freiheit, die wir haben, ein Leben auf diesem Planeten nach unserem Gusto gestalten zu können. Und genießen wir diese Freiheit, wo immer sie uns bewusst wird.

## 43. Geben wir uns den Raum, die zu sein, die wir sind

Und lassen wir uns ein auf uns selbst, immer wieder, immer mehr, jeden Tag neu.

Lassen wir uns ein auf uns selbst, und lassen wir uns sein, immer mehr, auf immer tieferen Ebenen.

Es ist so wichtig, dass wir uns den Raum geben, die zu sein, die wir sind. Denn erst wenn wir uns Raum geben zu sein, ohne Einschränkungen, ohne festgefügte Erwartungen, wie wir zu sein haben, kann unser Potenzial erblühen.

Wie oft leben wir unser Potenzial nicht, weil wir meinen, dass es nicht „ausreicht", was immer das heißen soll.

Wer misst denn hier, ob etwas ausreicht oder nicht? Wer legt den Maßstab an, und welchen Maßstab? Wie oft leben wir nicht, bringen wir nicht zum Ausdruck, was wir in uns tragen, und wundern uns, warum uns unser Körper immer wieder Signale gibt?

Wir haben so viele Überzeugungen übernommen, wie wir zu sein haben, wie „man" zu sein hat, ohne wirklich zu wissen, was damit gemeint ist.

Dahinter liegt einfach nur das nicht gestillte Bedürfnis, gesehen werden zu wollen, anerkannt werden zu wollen in unserem Sein.

Sobald wir erfahren und fühlen können, tief in uns, dass wir so, wie wir sind, „in Ordnung" sind, dass wir so, wie wir sind, „genug zu bieten" haben, lösen sich die Ansprüche in uns an uns auf. Sobald wir uns sein lassen können, mit allem, was wir sind, hören wir auf, uns am Außen zu orientieren, hört unsere Angst auf, es allen recht machen zu müssen, um nicht verurteilt zu werden.

Dann können wir *wirklich* sein, uneingeschränkt, mit allem, was wir sind, und können es zum Ausdruck bringen. Und dann wird endlich die Befriedigung all unserer Sehnsüchte eintreten, unabhängig vom Außen. Denn wenn wir uns wirklich erlauben können, die zu sein, die wir sind, mit allem, was wir sind, kann es geschehen, dass auch im Außen all das sein kann, was wir uns immer erhofft haben.

Wenn wir uns nicht mehr in unserem Wert einschränken, wenn wir uns Anerkennung auf der ganzen Linie zugestehen, dann werden wir genau das im Außen in unser Leben ziehen: Anerkennung, Anerkennung und Achtung ohne Ende.

Wenn wir endlich unsere Schutzwälle fallen lassen können und uns erlauben, die zu sein, die wir sind, wenn wir zu all unseren Bedürfnissen stehen, zu all unserem Fühlen, können wir in der ganzen Bandbreite unseres Seins erblühen.

Und obendrein können wir damit anderen dazu verhelfen, die zu sein, die sie sind.

Wenn wir unsere Schutzwälle fallengelassen haben, brauchen Menschen in unserer Umgebung auch keine Schutzwälle mehr in unserer Gegenwart.

Das heißt, sie können in unserer Gegenwart bereits beginnen zu fühlen, wie es sich anfühlt, frei zu sein von anstrengenden Schutzmechanismen. Und damit wächst in ihnen die Sehnsucht, noch freier zu werden, noch freier zu sein, noch mehr einfach die sein zu können, die sie in Wahrheit sind.

Und das heißt im Klartext: Je mehr wir uns selbst zugestehen zu sein, ganz und gar die zu sein, die wir sind mit allem, was zu uns gehört, desto mehr können andere in unserer Gegenwart ihrerseits erblühen mit allem, was sie sind.

Dann kann Lernen geschehen ohne jeden Zwang.
Dann kann Entwicklung geschehen ohne jeden Zwang.
Dann kann Bewusstwerdung geschehen ohne jeden Zwang.
Dann kann Heilung geschehen ohne jeden Zwang,
ganz von selbst.

# 44. Du bist auf deinem Weg

Nun, lieber Leser, damit wären wir am Ende angekommen, am Ende dieses Buches.

Du dagegen stehst vielmehr am Anfang, am Anfang eines langen Prozesses.

Du hast bereits einige Schritte vollzogen, sonst hättest du erstens dieses Buch niemals in die Hände genommen und du hättest es zweitens nicht zu Ende gelesen.

Du bist bereits seit langem auf dem Weg, auf *deinem* Weg. Und du kannst nur auf *deinem* Weg bleiben, immer wieder überprüfen, was für dich stimmig ist, was sich für dich richtig anfühlt, wo deine Grenzen sind und wo du für dich Grenzen überschreitest bzw. andere deine Grenzen überschreiten lässt, weil du sie selbst nicht einhältst.

Du solltest dich jedoch einlassen auf ein langes Stück deines Weges, auf dem dir sehr viel Neues begegnen wird, vieles, was dir zunächst fremd erscheint, vieles, was dich in Kontakt bringt mit vielen deiner noch versteckten Ängste, denn in dieser Zeit verändern sich viele Dinge in atemberaubender Geschwindigkeit.

Solange du dich jedoch stets daran erinnerst, dass du alles, was du brauchst, in dir trägst, dass alles, was du benötigst, zu dir kommt im rechten Moment, kannst du gelassen deinen Weg beschreiten in dem Wissen, dass dir alles, was dir widerfährt, nicht zufällig widerfährt, sondern zu einer noch tieferen Bewusstwerdung verhelfen will.

Solange du all die Dinge, die dich in deinem Leben herausfordern, dich aufrütteln, dich auf die Barrikaden treiben, als Hilfsmittel zu deiner eigenen Bewusstwerdung ansehen kannst, kannst du sie im rechten Licht betrachten und musst dich nicht von ihnen einschüchtern lassen.

Und dann wirst du eines Tages feststellen, dass du für die Herausforderungen deines Lebens dankbar bist, weil sie dich haben wachsen lassen und dir zu deiner Freiheit verholfen haben.

# Nachwort

Lieber Leser, sicher fragst du dich, wer denn nun dieses Buch geschrieben hat.

Nun, diese Frage ist sehr einfach zu beantworten: Nennen wir es den Geist der Zeit, den Geist der neuen Zeit.

Dieser Geist beinhaltet jegliches Bewusstsein dieses Planeten und darüber hinaus noch viel mehr. Und dieser Geist der neuen Zeit ist somit in der Lage, Dinge zu erkennen und in Beziehung zu setzen, mit denen ein einzelnes menschliches Bewusstsein überfordert wäre.

Jedes menschliche Bewusstsein kann sich aber anschließen an den Geist der Zeit, an den Geist der neuen Zeit, um so in die Lage versetzt zu werden, Dinge und Zusammenhänge aus einer anderen, globaleren Perspektive zu schauen und damit in einer beschleunigten Art und Weise Bewusstwerdung zu erlangen.

Auch du bist in der Lage, dich an diesen Geist der Zeit, an das Weltenbewusstsein anzuschließen, wenn du deinem Herzen folgst. Denn dein Herz ist immer verbunden mit dieser Quelle in dir, ist immer verbunden mit diesem Weltenbewusstsein, aus dem es schöpft. Alle deine Impulse, alle deine Geistesblitze stammen nicht aus deinem Gehirn, wie du vielleicht bisher immer gedacht hast. Alles und jedes, das du bist, ist entstanden aus der einen Quelle, mit der es immer und ewig verbunden ist. Und indem du alles, was du in dir trägst, lebst, zum Ausdruck bringst, ermöglichst du dem Weltenbewusstsein, sich in unendlicher Fülle zum Ausdruck zu bringen.

Und so kannst du nun ermessen, dass du bisher in deinem Leben nur einen winzigen Bruchteil aller dir zur Verfügung stehenden Möglichkeiten gelebt hast, zum Ausdruck gebracht hast.

Mit deiner neuen Freiheit, die du Schritt für Schritt in dir findest, ist es dir möglich, immer mehr von deinem Potenzial, von all deinen Möglichkeiten, zu finden und zu leben.

Wir möchten dich dazu ermutigen, dich größer zu denken, als du das bisher gewohnt bist, ohne dich in deinem Ego aufzublasen. Wenn du dir vor Augen hältst, dass du mit dieser unendlichen Quelle in dir verbunden bist, dann dürfte dir auch einleuchten, dass du nur durch Hingabe an diese Quelle, mit der Hingabe deines Herzens all das finden kannst, was du dir ersehnst. Und mit der Hingabe an die Quelle in dir bist du gut gerüstet für die neue Zeit.

Lasse dich ein auf dich selbst, und du wirst alles finden, was du suchst.

# Kontakt

Für die nächste Zeit sind unter anderem Seminare bzw. Workshops der Reihe Herzens-Bildung vorgesehen (I: Herzöffnung, II: Blockaden und Glaubenssätze, III: Selbstliebe)

Bei Interesse können Sie Informationen erhalten im Internet:
www@BildungimWandel.de

oder unter der folgenden Adresse:
Christine H. Warcup
Ludwigstr. 21A
86919 Utting am Ammersee

in Vorbereitung:

*El Morya*

**Das Praxisbuch:**
**Hilfsmittel und Methoden**
**für den gewaltfreien Unterricht**
Ein Begleitbuch für den Suchenden

ISBN 3-89568-167-9

Lesen Sie auch vom selben Autor:

*Herzens-Bildung – ein Wegweiser für Eltern, Lehrer und Schüler und alle, die noch lernen wollen, aus dem Herzen zu leben*

ISBN 3-89568-146-6

*Juwelen...*

ISBN 3-89568-147-4

und hören Sie auch die CD
zum Buch von Ch. H. Warcup:

*Ja, ich sage ja zu mir*

ISBN 3-89568-160-1

**ch. falk-verlag**